Baltrum

Ein illustriertes Reisehandbuch

Jan Schröter

Edition Temmen

Die Deutsche Bibliothek -- CIP-Einheitsaufnahme

Baltrum : ein illustriertes Reisehandbuch / Jan Schröter. -
Bremen : Ed. Temmen, 1995
ISBN 3-86108-419-8
NE: Schröter, Jan

Karte Nachsatz: Nieders. Landesvermessungsamt Hannover
Wir danken für die Abdruckgenehmigung.
Umschlagabbildung: Hans Kolde, Juist

Bildnachweis

Altonaer Museum, Hamburg: S. 17; Foto Akkermann, Borkum: S. 22, 45; Tourist-
Information Emden: S. 69, 72; Karl-Eberhard Heers, Oldenburg: S. 42f.; Kunsthalle Emden, G.A. Wrede: S. 71; Kurverwaltung Baltrum: S. 18, 19, 24f., 28, 37,
98f., 101, 103; Kurverwaltung Spiekeroog: S. 34, 51; Hans Kolde, Juist: S. 30f.,
84f.; Hero Lang, Bremerhaven: S. 12f., 35, 38f., 73, 87; Peter Meyer, Bremen:
S. 4, 64f., 104f.; Ostfriesische Landschaft, Aurich: S. 63; Paul Schild, Norderney: S. 33, 49, 93; Verlag Schuster, Leer: S. 15; Stadtarchiv Cuxhaven: S. 89;
Soltau-Kurier-Norden, Martin Stromann: S. 21, 23, 27, 29, 53, 55, 57, 59, 67,
76f., 78, 79, 81, 83, 95; Verlagsarchiv: S. 9, 91

© bei Edition Temmen
Hohenlohestr. 21 -- 28209 Bremen
Tel. 0421-344280/341727 – Fax 0421-348094
Alle Rechte vorbehalten.
Herstellung: Edition Temmen

ISBN 3-86108-419-8

Inhalt

Baltrum – das »Dornröschen der Nordsee«

Baltrums eigentliche Attraktion ist die Insel selbst. Der schmale Landstreifen in der Nordsee, gut fünf Kilometer lang und einen Kilometer breit, ist mit seiner Strand- und Dünenlandschaft und den beiden beschaulichen Ortsteilen eine Oase der Erholung. Vor allem auf den Strand ist man stolz. »Baltrum is'n Sandfatt« (Baltrum ist ein Sandfaß) kommentiert ein alter Matrosenreim das Inselbild. Doch was einst als Last galt, ist heute pures Kapital. Auf Baltrum, behaupten Einheimische und Stammgäste gleichermaßen, sei der feinste, hellste und überhaupt beste Sand der Ostfriesischen Inseln zu finden. Die Insel gilt als »Dornröschen der Nordsee« – eine erst spät vom Tourismus entdeckte Schönheit.

Baltrum pflegt einen eigenen Stil. Das merkt der Gast bereits, wenn er nach dem Namen der Straße sucht, an der sein Feriendomizil steht. Es gibt keine Straßennamen, auf der ganzen Insel nicht. Die Adresse ergibt sich aus der Hausnummer. Die Häuser sind fortlaufend numeriert, aber nicht etwa ihrer Lage entsprechend, sondern nach ihrem Alter – jeder fertiggestellte Neubau bekommt die nächsthöhere Nummer. So liegt denn Haus Nr. 25 direkt neben Haus Nr. 146, das wiederum die Nr. 194 zum Nachbarn hat. Ein echter Hindernisparcours für Briefträger, sollte man meinen, aber auf Baltrum kennt man sich eben.

Eine gute Übersicht verschafft ein Rundumblick von der 13 Meter hohen Aussichtsdüne. Sie liegt östlich des Kinderspielplatzes am Kiefernwald. Auch nachts lohnt sich der Aufstieg, wenn blinkende Seezeichen und Schiffslaternen die dunkle See bunt illuminieren.

Von der Sandbank zum Seebad – die Geschichte Baltrums

Armselige Hütten und Schilfnetze

Während der letzten Eiszeit kam der Weg zum Strand von der heutigen Position Baltrums aus einer ausgedehnten Reise gleich, denn vor 12 000 Jahren verlief die Küstenlinie auf einer Höhe zwischen Skagerrak und Newcastle. Großbritannien ließ sich trockenen Fußes vom Kontinent aus erreichen, und nördlich der Doggerbank lagen die Mündungen von Elbe und Themse in trauter Nachbarschaft zueinander. Die Doggerbank liegt heute 13 Meter unter dem Meeresspiegel, doch noch immer finden sich hin und wieder in den Schleppnetzen der Fischer Knochenreste längst ausgestorbener Urzeittiere – über 2000 Backenzähne vom Mammut, Skeletteile vom wollhaarigen Nashorn, Riesenhirsch, Wisent und Höhlenbär.

Hunderte von Kilometern lag die damalige Küstenlinie vom jetzigen Ufer entfernt. Keine idealen Bedingungen also für Baltrumer Badekuren, was allerdings niemanden störte – zu dieser Zeit existierte das Eiland noch nicht, ebensowenig wie die ostfriesischen Nachbarinseln.

Nach dem Ende der Eiszeit senkte sich der Boden, die Nordsee flutete an die heutige Küstenlinie heran und begrub unter ihren Wassermassen zunächst auch den Teil des Festlandes, der sich auf dem späteren Areal Baltrums befand. Doch was Wind und Wellen genommen hatten, bauten sie im Falle der Ostfriesischen Inseln langsam wieder auf. An der Abbruchkante zwischen seichtem Watt und tieferem Meeresboden bildeten Ablagerungen von Sandpartikeln und Schlick eine Sandbank. Als diese Barriere schließlich die mittlere Hochwassermarke überragte, übernahm der Wind die Rolle des Landschaftsarchitekten. Er blies Dünenketten auf und wehte die Samen der Binsenquecke, des Strandhafers und anderer Pionierpflanzen herbei, deren hartnäckige Wurzeln die fragilen Sandgebilde festigten.

Auf Dauer bleibt kaum eine Landschaft menschenleer. Wann die Sandbänke zu bewohnten Inseln avancierten, ist nicht mehr zu klären. Das Leben der ersten Siedler auf den Sandbollwerken vor der rauhen ostfriesischen Küste wird in frühesten Zeiten nicht allzu bequem gewesen sein. Zwischen ihrem Lebensstandard und dem der Römer, die noch vor Beginn der christlichen Zeitrechnung Expeditionen in die Nordsee schickten, lagen mit Sicherheit Welten. Strabo (63 v.Chr.-verm. 28 n.Chr.), griechischer Geograph und Geschichtsschreiber in römischen Diensten, berichtet von der Besetzung einer in der Emsmündung gelegenen Insel namens »Burchana« durch Truppen des Feldherrn Drusus im Jahre 12 v.Chr. Auch Plinius der Ältere (23-79 n.Chr.) betätigte sich als lokaler Chronist, indem er beschreibt, daß die der ostfriesischen Küste vorgelagerten Inseln den römischen Soldaten »durch ihre Waffen bekannt wurden« und erwähnt, die Insel »Borcana« werde von den Truppen wegen ihres »Reichtums an wildwachsenden Hülsenfrüchten *Fabaria* (Bohneninsel) genannt.« Ob nun das hier vermutlich beschriebene Borkum seinerzeit mit Baltrums westlichen Nachbarinseln Juist und Norderney eine einzige Großinsel bildete, wie eine (bislang unbewiesene) Theorie behauptet, oder nicht – sicher ist, daß der vorhandene Bohnenreichtum die Römer wenig beeindruckt hat.

Die weiteren Beschreibungen Plinius' lassen vermuten, daß der zivilisationsverwöhnte Weltbürger angesichts der unkomfortablen Lebensverhältnisse auf den Inseln einen regelrechten Kulturschock erlitt: »Dort bewohnt ein beklagenswert armes Volk hohe Erdhügel, die man so hoch aufgeworfen hat, wie erfahrungsgemäß die höchste Flut steigt. In den darauf errichteten Hütten gleichen sie Seefahrern, wenn das Meer das Land ringsumher überflutet, und Schiffbrüchigen, wenn das Wasser zurückgeflutet ist. Um die Hütten herum fangen sie die Fische, die mit dem Meer zurückfliehen. Diese Menschen können kein Vieh halten und sich nicht wie ihre Nachbarn von Milch ernähren. Aus Schilf und Binsen flechten sie Stricke für ihre Netze. Und mit den Händen formen sie den Schlamm und lassen ihn an der Sonne trocknen. Darauf kochen sie ihre Speisen und wärmen daran ihre vom Nordwind erstarrten Glieder. Zum Trinken haben sie nur das Regenwasser, das sie in Gruben am Vorplatz ihrer Häuser aufbewahren. Wenn diese Menschen nun aber vom römischen Volk besiegt werden, dann reden sie von Sklaverei.« Dieser letzte Satz zeugt vom völligen Unverständnis des Römers für die Lebensumstände der Ostfriesen, die ihr sicher einfaches, aber freies Dasein dem Joch einer Fremdherrschaft vorzogen.

Für ihre Freiheit kämpften die Ostfriesen unerbittlich. Das bekamen sogar die gefürchteten Wikinger zu spüren, die im 9. Jahrhundert mehrfach die Nordseeküste überfielen und sogar Teilgebiete längere Zeit beherrschten. In einer legendenumwitterten, vermutlich bei Norden ausgetragenen Entscheidungsschlacht wurden die Eindringlinge von den Friesen jedoch endgültig vertrieben.

»Gott schuf das Meer, der Friese die Küste«

Um die Jahrtausendwende herum revolutionierte der Deichbau das Leben an der Nordseeküste. Vorher schützten die exponiert im Bereich von Ebbe und Flut lebenden Einheimischen ihren Besitz und sich selbst individuell durch die Anlage der Warfen, die schon Plinius verwundert beschrieben hatte. Ein Deich, der als Bollwerk gegen die Flut ganze Ländereien schützen sollte, ließ sich nur durch Neuorganisation des Gemeinschaftslebens und die Zusammenarbeit unterschiedlicher Gruppen realisieren. Tiefgreifende gesellschaftliche Veränderungen waren die Folge. Hatte es zuvor in Friesland wie auch in anderen Gegenden Freie, Halbfreie und Unfreie gegeben, brachte der Einsatz beim Deichbau den Mitgliedern aller Stände die persönliche Freiheit.

»Gott schuf das Meer, der Friese die Küste«, lautet ein etwas unbescheidener Wahlspruch, der diese Leistung kommentiert. Doch wer letzten Endes bei der

Uferliniengestaltung der maßgeblichere Architekt blieb, sollten die Inselbewohner während vieler verheerender Sturmfluten noch schmerzlich erfahren. Falls es jemals eine Großinsel in der Emsmündung gegeben hat, war sie im 13. Jahrhundert jedenfalls nicht mehr vorhanden. Andernfalls hätte diese Insel in den Berichten der Kreuzritter sicher Erwähnung gefunden, denn 1227 sammelte sich die Flotte der friesischen Kreuzfahrer vor Borkum zum fünften Kreuzzug unter Friedrich II. (1194-1250). Der Staufer konnte mit den Kampfgenossen von der Nordseeküste zufrieden sein. Schließlich gelang es ihm mit ihrer Hilfe, sich 1229 zum König von Jerusalem krönen zu lassen.

Zum siebten Kreuzzug unter Ludwig IX. (1214-1270), zu dem auch die Dominikanerbrüder des Klosters Norden aufriefen, sammelten sich wieder 50 stolze Friesenkoggen vor Borkum. Doch diesmal stand das Unternehmen, an dem sich möglicherweise auch Baltrumer beteiligten, unter einem unglücklichen Stern. Widrige Winde hielten die Flotte volle drei Wochen vor der Insel fest, und die Mannschaften hätten besser daran getan, gleich in der Heimat zu bleiben. Vor Tunis erlag Ludwig wie die Mehrzahl seiner Truppen rasch ausbrechenden Seuchen.

Während der sogenannten »Häuptlingszeit« (um 1350-1464) war Ostfriesland in die Machtbereiche diverser Lokalfürsten zersplittert. Die Inseln gehörten zeitweise zum Herrschaftsgebiet der mächtigen Häuptlingsfamilie tom Brok, deren Herrschaftszentrum das Brookmerland war. Unter der Protektion dieser Sippe richtete sich der·berühmte Seeräuber Klaus Störtebeker seinen Stützpunkt in Marienhafe ein (siehe auch Kapitel »Als Störtebeker nach Ostfriesland kam«). Widzel tom Brok ist die erste urkundlich überlieferte Erwähnung Baltrums zu verdanken: 1398 trug er dem Herzog Albrecht von Bayern, der zugleich Graf von Holland war, das Lehen über »Borkyn, Just, Burse, Osterende, Balteringe, Langoch, Spiekeroch ende Wangeroch« an. Der Ursprung des Namens »Balteringe« blieb bislang ungeklärt, doch sicher ist, daß mit dieser Bezeichnung das heutige Baltrum gemeint ist, welches zum erwähnten Zeitpunkt eine längst besiedelte Insel war. In der Aufzählung fehlt der Name Norderney. Zwischen Juist und Baltrum lagen zwei Inseln, Buise (»Burse«) und Osterende. Buise war einst eine nicht unbedeutende Insel, doch die gewaltigen Sturmfluten des 14. Jahrhunderts teilten es. Die größere Restinsel behielt den Namen Buise. Den nunmehr abgesprengten, östlich gelegenen Bereich nannte man Osterende. Beide Inseln waren besiedelt, als ihre Namen in besagter Urkunde von 1398 angeführt wurden.

1464 setzte sich das Greetsieler Geschlecht der Cirksenas nach verschiedenen politischen und militärischen Winkelzügen gegen die meisten ostfriesischen Häuptlinge durch. Kaiser Friedrich III. erhob den Cirksenaer Ulrich I. zum Reichsgrafen. Die Reichsgrafenschaft Ostfriesland mit der Residenz Emden umfaßte nach der kaiserlichen Lehnsurkunde das Gebiet zwischen Unterems und Unterweser und, über die Ems westwärts hinausgehend, das Rheiderland.

Vorherige Seiten: Baltrum von Westen, im Hintergrund Langeoog und Spiekeroog

Ostfrieslandkarte nach Ubbo Emmius 1730

Auch Baltrum zählte zum Gebiet der Reichsgrafenschaft. Für die Insulaner bedeutete der Herrschaftswechsel allerdings wenig. Die Ostfriesischen Inseln galten als unmittelbares »Herrenland«. Die Bewohner besaßen kein Grundeigentum, sondern verfügten lediglich über den Status von Erbpächtern. Da politische Rechte wesentlich mit Grundbesitz verbunden waren, hatten sie unter der neuen Führung ebensowenig zu bestimmen wie unter den Häuptlingen. Zu Gesicht bekamen sie den jeweiligen Landesherren ohnehin kaum jemals. Lokaler Vertreter der Obrigkeit war der Inselvogt, dem es oblag, die Steuern einzutreiben und im Falle der Strandgutbergung dafür zu sorgen, daß der Graf das ihm dabei zustehende Drittel erhielt.

Muschelschill und Walspeck

Um 1650 hatte Baltrum noch eine Länge von etwa acht Kilometern. Allerdings sorgten Wind und Meeresströmung für stetigen Landabtrag an der Westseite. Westlich Baltrums bewies die Naturgewalt ihre Schöpfungskraft in noch erheblicherem Ausmaß: Der einstige Buiser Ostzipfel Osterende wuchs zur Insel Norderney heran.

15

Norderneys Wachstum bedeutete gleichermaßen Buises Untergang. Der meiste Sand, der Norderneys Fläche vergrößerte, kam von der alten Mutterinsel Buise, die 1544 nur noch aus zwei Dünengruppen mit einem dazwischenliegenden flachen Strand bestand. Priele und Baljen verlagerten ihre Ströme. 1657 war das längst unbewohnte Buise nur noch eine Sandbank, von jeder normalen Flut überspült. Wenig später verschwand die Insel endgültig.

Die Veränderungen fanden damit längst kein Ende. Seit 1650 hat sich Baltrum um mehr als vier Kilometer nach Osten verlagert. Zur Zeit des Buiser Untergangs lag die Westgrenze Baltrums dort, wo sich heute die östlichen Dünen Norderneys befinden. Tatsächlich entdeckte man am Ostende Norderneys die Grundmauern der vermutlich ersten Baltrumer Kirche.

Um 1700 gab es auf Baltrum 14 Haushalte, was etwa einer Einwohnerzahl von 80 Personen entsprach. Mit großen Reichtümern waren sie nicht gesegnet. Trotz der damals noch größeren Inselfläche gab es nur sehr eingeschränkte Möglichkeiten, Landwirtschaft zu betreiben. Die großen Sturmfluten im 17. und zu Beginn des 18. Jahrhunderts hatten viel Baltrumer Boden weggerissen. Um 1720 riß die Nordsee sogar eine »Timmermanns Schlopp« genannte Rinne durch die Insel, die Baltrum zeitweise zweiteilte. Das nutzbare Weideland reduzierte sich auf den kleinen Heller, den zudem oft Flugsand verschüttete. Eine Steuerliste von 1738 dokumentiert den damaligen Baltrumer Viehbestand – drei Pferde, sechs Kühe, zehn Schafe und einige Lämmer. Den Lebensunterhalt bestritten die Insulaner hauptsächlich durch Fischfang und Gewinnung von Muschelschill. Muschelkalk fand als Baumaterial auch auf dem Festland Verwendung.

Viele Baltrumer fuhren zur See, um sich und ihre Familien zu ernähren. Nicht selten »blieben sie auf See« – verunglückten also bei Schiffsunfällen oder starben unterwegs an Krankheit. Die meisten fuhren auf deutschen oder europäischen Handelsschiffen, was riskant genug war. Einige jedoch heuerten auf Walfangschiffen an. Der Job war lukrativ, aber äußerst gefährlich. Die meist dreimastigen, selten mehr als 300 Tonnen schweren Segelschiffe segelten im März/April aus den heimischen Gewässern bis zur grönländischen Küste – weit über den nördlichen Polarkreis heraus. Ziel der Jagd war das Sommerrevier des Grönlandwals, dessen Tran und Fischbein als begehrte Handelsgüter galten. Die Wale wurden von kleinen Schaluppen aus mit Handharpunen gejagt, mit Lanzen getötet und schließlich längsseits am Rumpf des Walfangschiffes befestigt und abgespeckt. Mit Steigeisen und an langen Stielen befestigten Messern bewaffnet, stiegen die Speckschneider auf den glitschigen Leib des Beutetieres, um die Speckschwarten herunterzuschneiden, aus denen man den Tran herauskochte.

Bei dieser Art Jagd lag das Risiko mindestens ebenso bei den Jägern wie bei den Gejagten. Schlagende Walfluken zerfetzten so manches Harpunierboot mitsamt der Besatzung, beim Speckschneiden gab es Unfälle und die einseitige, vitaminarme Ernährung auf den Schiffen – meist gab es graue Erbsen mit Salzfleisch oder gelbe Erbsen mit Stockfisch – führte häufig zu Skorbut. Eine noch größere Gefahr stellten jedoch die gewaltigen Stürme des Nordens und

»Der Wallfisch wird an das Schiff gerudert«, Radierung um 1750

das Packeis dar. Jedes Walfangschiff führte ausreichend Proviant für eine außerplanmäßige Überwinterung mit. Es geschah in fast jeder Saison, daß Schiffe in Packeis gerieten, nicht wieder freikamen und von den Eismassen regelrecht zerdrückt wurden. Sank das Schiff, versuchte die Besatzung auf dem Eis zu überleben, stets in der Hoffnung, von einem anderen Walfänger entdeckt und aufgenommen zu werden. Blieb so eine zufällige Rettung versagt, nahte unweigerlich das Ende.

Trotz dieser Risiken lockte der Wohlstand, der sich durch die Beteiligung am Walfang erwerben ließ, die Männer von Baltrum jedes Jahr wieder nach Norden. Die Ära der Walfänger endete jedoch bereits in den 80er Jahren des 18. Jahrhunderts, nachdem zwischen England und den als Seemacht erstarkten Niederlanden ein Krieg um die Vormachtstellung auf dem Meer ausgebrochen war (1780-83), der den Walfang und auch den Seehandel nachhaltig unterband.

Baltrum im »Department Oost-Vriesland«

Bald schufen europolitische Großereignisse die Voraussetzungen für neue Erwerbsmöglichkeiten auf Baltrum – wobei es sich allerdings wiederum um Geschäfte der riskanten Art handelte.

Im nachrevolutionären Frankreich hatte sich Napoleon Bonaparte zum Kaiser krönen lassen. Nach seinem Sieg bei Austerlitz (2. Dezember 1805) über Österreich und Rußland verbündete sich Preußen mit Frankreich – ein Schach-

Dünenlandschaft

zug, der die spätere militärische Niederlage der Preußen nicht verhinderte: Bei Jena und Auerstädt unterlagen sie den französischen Truppen am 14. Oktober 1806. Im Friedensvertrag von Tilsit mußte Preußen alle Hoheitsgebiete westlich der Elbe abtreten.

Napoleon schlug Ostfriesland den ebenfalls unter französischer Herrschaft stehenden Niederlanden als »Department Oost-Vriesland« zu. Gemeinsam mit den Landesherren wurde Ostfriesland in die folgenden Auseinandersetzungen zwischen Engländern und Franzosen verwickelt. 1806 erließ Napoleon die Kontinentalsperre gegen alle englischen Waren. Im Gegenzug belegte England die kontinentale Schiffahrt mit einem Embargo. Der legale Seehandel kam fast vollständig zum Erliegen.

Unter diesen Umständen nahm der Schmuggel zwangsläufig gewaltigen Aufschwung. Die exponierte Lage Baltrums vor der gut bewachten Festlandküste machte die Insel zum idealen Schmugglernest. Für einen Teil der Einwohner – vor allem für arbeitslose Seeleute, die wegen der Handelskrise keine Aussicht auf eine legale Heuer hatten – bot der illegale Warenhandel endlich wieder eine lukrative Erwerbsquelle.

Den Schmuggel nahm Napoleon zum Anlaß für weitere territoriale Veränderungen. Per Dekret wurde das Königreich Holland zum Bestandteil Frankreichs, aus Ostfriesland wurde das »Département de l'Ems oriental« mit den

Im Kiefernwäldchen

»Arrondissements« Emden, Aurich und Jever. Um den Schmuggel vor der Küste zu unterbinden, besetzten französische Truppen die Inseln und legten Befestigungen an. Auch auf Baltrums Nachbarinsel Norderney errichteten sie ein Fort. Das hinderte die Baltrumer jedoch kaum daran, ihre Schmuggeltätigkeit fortzusetzen. Meist unternahmen sie heimliche Fahrten nach Helgoland, das unter englischer Oberhoheit stand und als Stapelplatz für die Schmuggelware aus Großbritannien diente. Über das Watt brachte man die Konterbande dann von Baltrum zum Festland. Die Chance, dabei von den Franzosen unbemerkt zu bleiben, war groß. Die Baltrumer kannten ihre Insel und das Wattenmeer schließlich bedeutend besser als die Besatzer und nutzten ihren Heimvorteil ausgiebig.

In der Folge des gescheiterten Rußlandfeldzugs der »Grande Armée« zogen die Franzosen wieder ab. 1813 wurde Baltrum erneut preußisch. Der Frieden zwischen den Siegermächten entzog dem Schmuggel die Grundlage. Die Insulaner mußten wieder auf traditonelle Art ihren Lebensunterhalt verdienen, was bedeutete, daß der kärgliche Ertrag aus Landwirtschaft und Fischerei in der Regel nur ein ärmliches Dasein zuließ.

Zu dieser Zeit hatte das Baltrumer Inseldorf drei Ortsteile. Es gab das Westdorf mit sieben Häusern und der Predigerwohnung, die zugleich als Kirche diente, nachdem die eigentliche Inselkirche 1808/09 abgerissen werden mußte. Den Ortskern bildete das Mitteldorf mit 14 Häusern, und im Osten gab es eine kleine Ansiedlung von vier Gebäuden. Doch diese Topographie sollte sich bald erheblich ändern.

Die Nacht, in der die Nordsee kam

In der Nacht vom 4./5. Februar 1825 trennte eine schwere Sturmflut Baltrum vorübergehend in zwei Teile und zerstörte das Westdorf vollständig. Wundersamerweise konnten alle Bewohner ihr Leben retten. Der Bericht des Chronisten Friedrich Arends beschreibt jedoch eindringlich genug das Ausmaß ihrer Not:

»Aber furchtbar hausete die Sturmfluth auf der Insel Baltrum. Eine solche Verwüstung wie diese Insel erlitt, haben auf der ganzen Küstenstrecke der Nordsee nur die Halligen erlitten. Das Wasser trat hier so unerwartet schnell in die Häuser, daß die Bewohner eiligst entfliehen und alle Habe zurücklassen mußten, um nur ihr eigenes Leben zu erhalten... Die unglücklichen Insulaner, voll Schrecken über den plötzlichen unerwarteten Überfall der See, flüchteten eiligst... zum ersten besten Sicherheitsort, dieser nach ein hochstehendes Haus, jener auf die Batterie, die mehrsten auf die Dünen; hier mußten sie, fast jede Familie vereinzelt, die lange Nacht im Sturm ausharren; bald von der schwärzesten Finsterniß umringt, bald im hellglänzenden Mondschein. Aber nicht freundlich lächelte ihnen das sonst so wohlthätige Licht; es schien nur um so klarer den vollen Anblick des fürchterlichen Schau-

Die Alte Inselkirche mit dem freistehenden Glockenturm

spiels ihnen darbieten zu wollen. Sie mußten Zeuge sein, wie ihre Häuser in Trümmer zergingen, ihre Habe wegschwamm, ihr Vieh in den Wellen ertrank, ohne helfen, ohne etwas retten zu können, noch froh, nur für ihr nacktes Leben in den hohen Dünen sichern Zufluchtsort zu finden... Bald darauf baueten sie sich aus den übrig gebliebenen Trümmern ihrer Häuser kleine Hütten auf, die kaum menschlichen Wohnungen glichen.«

Bis auf zwei Häuser waren alle Gebäude auf der Insel zerstört. Das einstige Westdorf war überflutet, das frühere Mitteldorf nun zum neuen Westdorf geworden. Noch Jahre nach der Katastrophe leistete man vom Festland aus den Baltrumern mit Geldmitteln und Sachspenden Hilfe zum Wiederaufbau. Gleich 1826 errichteten die Insulaner die noch heute erhaltene Kirche im Westdorf und installierten davor an einem Holzgerüst die Glocke, die zum Wahrzeichen der Insel wurde. Die gleiche Flut, die den Baltrumern so viel nahm, hatte diese Glocke während der Unglückstage im Februar 1825 auf die Insel gespült – zuvor diente sie auf einem holländischen Segler als Schiffsglocke.

Nur allmählich gelangte die Seefahrt zur erneuten Blüte. Vor allem betrieben die Baltrumer die Langleinenfischerei auf Schellfisch. Sie exportierten getrockneten Fisch bis nach Bremen und Hamburg. Doch bald verbreitete sich, ausgehend von England, die industrielle Methode der Schleppnetzfischerei mit Dampfschiffen in fast allen Nordseeregionen – mit verheerenden Folgen für die vorher so reichen Fischbestände. Immer mehr Inselfischer standen vor dem Ruin. Auch die Frachtschiffahrt lohnte sich zunehmend weniger. Dampfschiffe

Badewärter um 1900

liefen den traditionellen Segelschiffen in diesem Bereich ebenso den Rang ab. Um selbst Dampfschiffe zu betreiben, fehlten den meisten Insulanern die finanziellen Mittel.

Baltrumer Badezeit

Bei den Nachbarn auf Norderney hatte bereits vor der »Franzosenzeit« eine neue Ära begonnen. 1797 gründeten die Norderneyer das erste Seebad an der deutschen Nordseeküste. 1836 wurde das Seebad gar zur Sommerresidenz des welfischen Königshauses erklärt. Badegäste auf den Ostfriesischen Inseln – das sahen die meisten Einheimischen eigentlich zunächst nicht so gern. Doch gegen einträgliche Geschäfte ließ sich auf Dauer nicht ernsthaft etwas einwenden, und außerdem gewöhnte man sich an die Fremden. So entwickelte sich im Verlauf des 19. Jahrhunderts der Fremdenverkehr zur wesentlichen Stütze der Inselwirtschaft. Nur nicht auf Baltrum: Äußerst selten wählte ein Feriengast das neben dem mondänen Norderney so unbedeutend erscheinende Inselchen als Urlaubsort.

Nachdem Baltrum während der Katastrophe von 1825 erhebliche Flächen verloren hatte, kämpften die Einheimischen immer noch um die bloße Existenz ihrer Heimat. Erst ab 1873 stoppte der Bau von Buhnen den bis dahin kontinuierlichen Landverlust an der Westseite Baltrums, und nun konnte man sich auch hier um den Tourismus kümmern. 1876 gründeten die Baltrumer endlich ihr Seebad. Es dauerte jedoch etliche Jahre, bis sich ein regulärer Badebetrieb etablierte. 1890 erließ man eine »Badeordnung«, und erst 1893 – das Seebad Norderney bestand bereits seit annähernd einem Jahrhundert –

22

Der Bade- und Burgenstrand

eröffnete auf Baltrum das erste Hotel. Im Sommer 1900 zählten die etwa 150 Einheimischen immerhin schon 450 Gäste.

Nach dem Ersten Weltkrieg warb Baltrum mit dem Slogan: »Besuchen Sie das Familienbad«. Damals wie heute schätzten vor allem Familien mit Kindern die beschauliche Ruhe der kleinsten Ostfrieseninsel. Das blieb auch nach dem Zweiten Weltkrieg so, den Baltrum relativ unbehelligt überstand. Die Anerkennung als Heilbad (1949) und die Verleihung des Prädikats »Staatlich anerkanntes Nordseeheilbad« (1966) folgten.

So wurde der Fremdenverkehr mittlerweile auch auf Baltrum zum wesentlichsten Wirtschaftsfaktor. Man investierte dementsprechend und baute Einrichtungen wie das Kurmittelzentrum, das Meerwasserwellenbad oder jüngst das »Kinderspöölhus«. 50 000 Besucher kommen pro Jahr. Doch trotz dieser hohen Gästezahl ist die Ruhe auf der kleinen Insel geblieben.

23

Baltrumer Attraktionen

Alte Inselkirche

Nach dem 1696 erbauten Gotteshaus von Spiekeroog ist Baltrums Alte Inselkirche die zweitälteste erhaltene Kirche der Ostfriesischen Inseln. Viele ältere
Inselkirchen fielen allmählicher Landverlagerung und plötzlichen Flutkata-
strophen zum Opfer. Derartige Veränderungen und Ereignisse gab es auch in
Baltrums Geschichte. Reste einer frühen – wahrscheinlich der ersten – Baltrumer Kirche fand man am heutigen Ostrand von Norderney, weitere Bauten
versanken im Gat zwischen den beiden Inseln.

Die Alte Inselkirche im Westdorf entstand im Folgejahr der großen Flutkata-
strophe von 1825. Es war die Kirche einer kleinen, armen Gemeinde. So
errichtete man keinen Prunkbau mit hoch aufragendem Turm, sondern ein eher
bescheidenes Haus mit beidseitig abgewalmten Dach. Die Glocke hängt an
einem schlichten Holzgerüst neben der Kirche. Sogar diese Glocke, Wahrzeichen der Insel, ist »second hand« – eine alte holländische Schiffsglocke, 1825
von der Flut an Land gespült.

1930 wurde die neue evangelische Kirche eingeweiht. Die Alte Inselkirche
nutzte man nur noch gelegentlich, vorübergehend sogar als Leichenhalle. Den
drohenden Verfall des Gebäudes stoppte die 1992 vorgenommene umfangrei-
che Restaurierung. Heute finden in der einstigen Kirche Andachten, klassische
Konzerte und andere kulturelle Veranstaltungen statt.

In der Nähe der Alten Inselkirche stehen einige der ältesten Häuser Baltrums.
Das Haus Nr. 5 ist vermutlich das betagteste von ihnen: aufgrund seiner
geduckten Bauweise mit schmalen Tür- und Fensteröffnungen wie geschaffen
dafür, rauhe Winterstürme auch ohne Unterstützung einer Zentralheizung
abzuwehren.

Meerwasserwellenbad

Nicht zu jeder Jahreszeit ist ein Bad in der Nordsee verlockend. Zumindest auf
Baltrum ist das jedoch kein Grund, um auf Badespaß in Nordseewellen zu
verzichten. Zwischen Kurverwaltung und Tennisanlage liegt das Meerwasser-
wellenschwimmbad mit garantiert angenehmer Wassertemperatur von 27°C.

Wem das an Wärme nicht genug ist, kann die angegliederte Sauna oder das
Solarium besuchen. Die Sauna ist eine original finnische Blockhaus-Sauna mit
einem vorzüglichen Raumklima.

Geöffnet ist das Bad vom Beginn der Osterferien bis zum Ende der Herbstfe-
rien und vom zweiten Weihnachtsfeiertag bis zum Ende der Weihnachtsferien.
In der Zwischenzeit steht die Schwimmhalle im Kurzentrum als beheiztes
Innenbad zur Verfügung.

Paradies für die Kleinen – Onnos Kinderspöölhus

Strandleben

Der bemerkenswerte Baltrumer Sandstrand fand bereits gebührende Erwähnung. Bei Niedrigwasser ist der Badestrand nördlich des Ortes gut 200 Meter
breit! Platz genug für sportliche Aktionen wie beispielsweise Beach-Volley-
ball. Auch Surfer finden hier ein geeignetes Revier. Neben Langeoog gilt
Baltrum als bestes Surfgebiet der Ostfriesischen Inseln. Man kann die Aktivität
natürlich auch genußvoll einschränken und nach der morgendlichen Strandgymnastik (10.00 Uhr) den Tag wonnevoll im Strandkorb verdösen.

Onnos Kinderspöölhus

Onno, der lachende Blondschopf in blauweißer Friesenkluft, ist das Kinder-
maskottchen der Baltrum-Werbung. Kinder lieben Onno und Onnos Heimat
sowieso. Damit auch bei Schlechtwetter keine Langeweile aufkommt, gibt es
auf der Insel ein Kinderspielhaus. »Onnos Kinderspöölhus« (Haus 68) ist ein
riesiger überdachter Spielplatz. Größere können sich hier Brettspiele auslei-
hen, auf die Kleineren achten Onnos Mitarbeiterinnen. Die Eltern sollten schon
mit dabei bleiben, doch wenn es Kuranwendungen nötig machen, kann man
sein Kind vorangemeldet im »Kinderspöölhus« in Obhut geben.

27

Die Baltrumer Gitarrengruppe

Baltrumer Gitarrengruppe und
Shanty-Chor Baltrum

Volksmusik erfreut sich landesweit großer Beliebtheit. Im Gegensatz zur Instant-Folklore einiger abgeklärter Profis, die sich bloß volkstümlich geben, bieten die Konzerte der Baltrumer Gitarrengruppe und des Shanty-Chors ein Programm, das zur Insel und zu den Interpreten paßt. Die Mitwirkenden sind allesamt Leute von der Küste. Obwohl von Amateuren dargeboten, haben die Vorstellungen bemerkenswerte Qualität.

In der seit über 40 Jahren bestehenden Gitarrengruppe spielen Baltrumer Frauen. Sie konzertieren zumeist dienstags mit wechselndem Programm in der evangelischen Inselkirche. Schallplatten und Musikkassetten der Gruppe gibt es an der Abendkasse und bei der Bäckerei Gaiser (Haus 63).

Auch der Shanty-Chor veranstaltet regelmäßig Konzerte. Musikkassetten des Chors sind dann ebenfalls an der Abendkasse oder in der Raiffeisen-Volksbank (Haus 225) erhältlich.

Zu den kulturellen Höhepunkten auf Baltrum zählen außerdem die Theater-Vorstellungen der Insel-Bühne. Auch hier sind es die Insulaner selbst, die in Aktion treten – mit einem Erfolg, der weit über die Grenzen Baltrums hinausreicht.

Ein typisches altes Insulanerhaus

Nordseehaus und Inselkammer

Das Nordseehaus ist eines der elf Informationszentren des Nationalparks Niedersächsisches Wattenmeer an der ostfriesischen Küste. Hier finden naturkundliche Informationsveranstaltungen statt. Zudem vermittelt eine Ausstellung über Flora und Fauna der Inseln Einblicke in die ökologischen Zusammenhänge des Lebensraumes Wattenmeer.
Die angeschlossene »Inselkammer« wurde auf Initiative des »Heimatvereins Baltrum e.V.« eingerichtet. Gezeigt werden neben Dokumenten zur Inselgeschichte eine Bernsteinsammlung und eine Fotoserie »Baltrum im Eis«. Zu bestimmten Terminen (siehe Plakataushang) zeigt man auf Video überspielte, historische Filmaufnahmen. »Das Nordseehaus« (Haus 177) befindet sich südlich des Westdorfes an dem Weg zum Hafen.

Folgende Seiten: Hauptstrand und Ostdorf

Baltrum gesundheitshalber

Jeder Atemzug ist Medizin

Der Gedanke, eine Reise an die See einzig aus Gründen der Gesundheit zu unternehmen, kam um die Mitte des 18. Jahrhunderts in England auf. 1750 schrieb der Arzt Richard Russel eine wissenschaftliche Abhandlung über die »Thalassotherapie« (abgeleitet aus den griechischen Begriffen für »Meer« und »Behandlung«). Im 19. Jahrhundert griffen auch in Deutschland viele Mediziner den Seebadgedanken auf. Auf Norderney unternahm man ab 1797 Schritte zur Etablierung des ersten Heilbades an der deutschen Nordseeküste. Das kleinere Baltrum entwickelte sich erst fast hundert Jahre später – ab 1892 – zum Heilbad.

Gesund ist vor allem die salz- und jodhaltige Seeluft, die annähernd unbelastet von Abgasen jeglicher Art und fast ständig von Wind bewegt ist. Das saubere Meerwasser und die durch die Weite des Horizonts intensiv nutzbare UV-Strahlung sind weitere gesundheitsfördernde Faktoren. Die unmittelbare Meernähe sorgt für konstante Luftfeuchtigkeit. Bedingt durch die Auswirkungen des Golfstroms sowie die wärmespeichernden Eigenschaften des Wassers verspäten sich Frühling und Herbst um etwa drei Wochen. Extreme Temperaturschwankungen kommen unter diesen Voraussetzungen kaum zustande.

Die Klimaveränderung registriert der Inselgast sehr schnell. Die Aktivierung des Stoffwechsels äußert sich während der ersten Aufenthaltstage meist durch eine leichte Müdigkeit des Körpers. Bald jedoch bestätigt eine verbesserte Konstitution den einsetzenden Erholungseffekt.

Das reichhaltige Baltrumer Kurangebot läßt sich für alle angebotenen Heilanzeigen ganzjährig erfolgversprechend wahrnehmen. Für spezielle Beschwerden versprechen jedoch bestimmte Jahreszeiten gezielt Linderung. Das Frühjahr ist mit gleichmäßiger und besonders intensiver Sonnenbestrahlung besonders für die Bekämpfung von Erkältungen und chronischen Atemwegserkrankungen geeignet. Im Sommer therapiert man optimal Haut- und Atemwegsbeschwerden. Zur Behandlung von Herz- und Kreislaufbeschwerden eignet sich der Herbst hervorragend, der Winter bietet ideale Bedingungen zum Auskurieren fast aller Kinderkrankheiten.

Bei folgenden Krankheiten verspricht eine Baltrum-Kur Aussicht auf Besserung und Heilung:

Erkrankungen der Atemwege wie unspezifische Erkrankungen der oberen und unteren Luftwege, z.B. chronische Katarrhe der Nase, der Nebenhöhlen, des Kehlkopfes, chronische Bronchitis, Lungenemphysem.

- Vegetative Störungen wie Herz- und Kreislaufstörungen, Schlaflosigkeit, körperliche und seelische Erschöpfungszustände.

- Allergische Erkrankungen wie Asthma bronchiale, Heuschnupfen, chronische allergische Ekzeme.

Gymnastik am Strand

- Erkrankungen des rheumatischen Formenkreises wie Gelenkverschleiß, Verschleiß im Bereich der Wirbelsäule.

- Erkrankungen und Entwicklungsstörungen im Kindesalter wie Bindegewebs- und Haltungsschwächen, körperliche und seelische Reifestörungen.

- Chronische Hautleiden wie Neurodermitis, Schuppenflechte, Akne, Ekzeme.

- Rekonvaleszenz nach schweren Operationen und Erkrankungen.

So gesund das Reizklima an der Nordsee in der Regel auch ist, gibt es doch einige Krankheiten, die einen Aufenthalt auf Baltrum nicht sinnvoll erscheinen lassen. Eine solche Gegenanzeige besteht bei: Tuberkulose, feuchter Rippenfellentzündung, schweren Herzfehlern oder kurzfristig überstandenen Infarkten, Bluthochdruck, schweren Schilddrüsen- oder Nebennierenrindenüberfunktionen, akuten entzündlichen Gelenkerkrankungen, Infektionen, Psychosen, Epilepsie sowie Hautkrankheiten mit gesteigerter Lichtempfindlichkeit.

Wie gesagt: Der Aufenthalt auf Baltrum ist bereits ein Kurangebot an sich. Wer bei einem Spaziergang im Bereich der Brandungszone die aerosolhaltige Luft einatmet, barfuß durch den Schlick watet und bewußt die Ruhe genießt, hat schon viel für seine Gesundheit getan. Das bedeutet jedoch beileibe nicht, daß sich das Baltrumer Kurangebot auf die natürlich vorhandenen Gegebenheiten reduziert. Neben ortsgebundenen Heilmitteln wie den Naturschlick-

Badefreuden

packungen und -bädern, Meerwasserbädern und Meerwasserinhalationen erhält man Heil-und Unterwassermassagen. Therapeutische Maßnahmen wie Bestrahlungen, Bewegungsübungen in Meeressole, Haltungsgymnastik, Atemtherapie, Kneipp'sche Anwendungen, Inhalationen und Drainagen unterstützen die Kur.

Die Wege zur Kur

Zu kurz sollte eine Kur nicht bemessen sein. Nachhaltiger Erfolg stellt sich erst ab einem Mindestaufenthalt von drei Wochen ein. Speziell bei Kinderkuren sollten die Betroffenen eher sechs Wochen verweilen, um langfristige Linderung ihrer spezifischen Leiden zu erzielen.
Bei einem längeren Inselaufenthalt stellt sich zwangsläufig die Frage nach der Finanzierung. Natürlich darf man eine Kur auch aus eigener Tasche bezahlen. Zwei Kurvarianten werden jedoch von den Krankenkassen gefördert:

Die offene Kur
Um eine sogenannte »offene«, also nicht mit einem Klinikaufenthalt verbundene Badekur vorzunehmen und den größten Teil der damit verbundenen Kosten von der Krankenkasse erstattet zu bekommen, muß die Notwendigkeit dieser Maßnahme von einem Arzt bestätigt werden. Nach der Verschreibung holt man die Genehmigung der Krankenkasse ein und bucht im Falle der Bestätigung selbstständig in freier Wahl eine Unterkunft auf Baltrum. Während die Kasse meist ca. 90 Prozent der Kur- und Behandlungskosten trägt, liegt

34

Im Westdorf von Baltrum

der tägliche Zuschußbetrag für Reisespesen und Unterbringung lediglich bei 15 DM – ein wenig muß man also schon dazuzahlen. Wichtig ist, daß man bei Antritt der Kur eine Kostenübernahmebescheinigung der Krankenkasse vorlegen kann. Die Kosten der Kuranwendungen werden dann direkt mit der Kasse abgerechnet. Liegt die Bescheinigung bei Kurbeginn nicht vor, müssen die Anwendungen aus eigenen Mitteln vorfinanziert werden!

Erst nach Buchung der Unterkunft (bei der Vermittlung hilft die Kurverwaltung, siehe auch »Adressen«) erfolgt die Anreise. Die Kur selbst beginnt immer mit dem Besuch eines zugelassenen Badearztes. Um Wartezeiten vor Ort zu vermeiden, ist es günstig, schon einige Tage vor der Reise einen Termin zu vereinbaren (siehe auch »Adressen«). Der Badearzt legt dann die im jeweiligen Fall nötigen Therapien und Anwendungen fest.

Die stationäre Kur

Die stationäre Kur entspricht einem Klinikaufenthalt und wird in der Regel bei Rehabilitation, Vorbereitung auf Reha-Maßnahmen, Operation oder massiven Beschwerden verordnet. Bei einer solchen Kur beträgt die finanzielle Eigenleistung lediglich 12 DM pro Tag. Unter besonderen Umständen wird auch auf jegliche Zuzahlung verzichtet. Genauere Auskunft dazu erteilt die Krankenkasse.

Die Kurtaxe

Fremdenverkehr bringt einer Gemeinde Geld, aber er kostet auch einiges. Die Erhebung einer Kurtaxe ist das übliche Mittel, den Aufwand für die Erneuerung und Unterhaltung der Fremdenverkehrseinrichtungen zu decken.

Auf Baltrum ist die Kurkarte ein Muß, d.h. ohne sie gibt es keinen Zutritt zum Strand, keinen Eintritt ins Meerwasserwellenbad, keine Inanspruchnahme von Kuranwendungen oder von Sonderveranstaltungen wie Strandgymnastik und vieles mehr.

Die Kurbeitragspflicht beginnt unmittelbar mit der Ankunft auf der Insel. Die Höhe der Kurtaxe unterliegt einer jahreszeitbedingten Staffelung. Als Termine dieser Zeitintervalle gelten die Hauptsaison (1. Juni – 15. September) sowie die Vor- und Nachsaison (1. März – 31. Mai/16. September – 31. Oktober). Die Zeit zwischen dem 1. November und dem letzten Februartag ist kurtaxfrei. Die Kurtaxe kostet pro Tag für Erwachsene ab 18 Jahren 4,50 DM/ 2,90 DM, für Kinder und Jugendliche ab sechs Jahren 1,70 DM/ 1,20 DM.

Tagesbesucherkarte: Erwachsene 3,00 DM/ 2,00 DM, Kinder und Jugendliche 1,50 DM/ 1,00 DM.

Jahreskarte: Erwachsene 126,00 DM, Kinder und Jugendliche 47,00 DM. Die Jahreskurkarte muß beim ersten Aufenthalt eines Jahres gelöst werden. Bereits bezahlte Kurbeiträge werden angerechnet. Für Schwerbehinderte gibt es Ermäßigungen. Bei Familien wird der Kurbeitrag höchstens für vier Personen berechnet.

Baltrums saubere Umwelt

Zum Erfolg einer Kur oder eines Ferienaufenthaltes gehört das Naturerlebnis. Inselbewohner sind meist – und nicht erst in jüngerer Zeit – ausgesprochen sensibel für umweltbedingte Veränderungen. Schließlich war es für sie stets eine Existenzfrage, die Natur zu beobachten. Fluthöhen, Dünenbefestigungen, Fischzüge galt es richtig einzuschätzen. Heute, da die Stütze der Inselwirtschaft im Fremdenverkehr liegt, ist der Erhalt einer intakten Umwelt besonders problematisch. Über 50 000 Gäste pro Jahr besuchen Baltrum nicht zuletzt wegen der gesunden Umwelt. Damit die Natur nicht Schaden nimmt, bedarf es einiger Einrichtungen und Bemühungen – auch seitens der Gäste.

Es gibt auf Baltrum ein vollbiologisches Klärwerk, dessen dritte Stufe auch Phosphate eliminiert. Müll wird vorsortiert zum Festland verfrachtet. Der einheimische Handel verzichtet auf den Verkauf von Einwegdosen und vermeidet nach Möglichkeit überflüssiges Verpackungsmaterial. An alle Baltrumbesucher richtet sich der Appell, nach Möglichkeit auf umweltbelastende Produkte zu verzichten und naturschädigende Artikel wie Weichspüler, Luftverbesserer oder ähnliches gar nicht erst mit auf die Insel zu nehmen.

Anreise und Inselverkehr

Auf Baltrum sind keine Kraftfahrzeuge zugelassen. Bei einer Inselfläche von gerade 6,5 Quadratkilometern ist das eine einsichtige Maßnahme. Wer trotzdem mit dem eigenen Wagen anreisen will, um vielleicht auch bei Ausflügen auf dem Festland mobil zu sein, übergibt das Auto am Hafen Neßmersiel dem Angestellten eines Garagenbetriebs. In diesen Betrieben wird das Fahrzeug

Anleger Baltrum

auf bewachten Parkplätzen oder in Garagen untergestellt, versichert und zum Hafen zurückgebracht, wann immer es der Kunde verlangt. Tagesgäste finden Parkmöglichkeiten direkt am Anleger in Neßmersiel. Die Bahnanreise führt bis Norden. Auf dem Bahnhofsvorplatz hält der Zubringerbus »Baltrum-Fähre«, dessen Fahrplan mit dem der Fähre in Neßmersiel koordiniert ist. Da die Abfahrtszeit der Fähre sich tidegemäß verändert, ist auch der Autobusfahrplan von Ebbe und Flut abhängig – ein ostfriesisches Kuriosum. Die Fähre verkehrt während der Sommermonate in der Regel dreimal täglich in beiden Richtungen und benötigt für die Passage etwa 30 Minuten. Für die Busfahrt müssen 45 Minuten einkalkuliert werden.

Gepäck läßt sich bei der Deutschen Bahn AG direkt bis Baltrum aufgeben. Ausgeliefert wird es im Gebäude der Reederei Baltrum-Linie direkt am Inselhafen, wo man es auch für die Rückreise aufgeben kann. Wird man nicht von den Vermietern der Ferienunterkunft abgeholt, übernimmt die Spedition Bruns-Strenge den Transfer vom Hafen zum Urlaubsdomizil. In diesem Fall kennzeichnet man das Reisegepäck mit den in den Buchungsunterlagen enthaltenen grünen Hausnummern-Aufklebern und läßt es an der Fähre zurück. Die Spedition bringt es zur Unterkunft. Die Gepäckzustellung von den Fähren, die zwischen 8.00 und 18.00 Uhr ab Neßmersiel fahren, erfolgt noch am Ankunftstag, sonst erst am Folgetag. Ein Täschchen mit den notwendigsten Utensilien sollte man also jedenfalls selbst tragen. Für den Gepäcktransport auf der Rückreise sollte die Spedition mindestens einen Tag vor dem Abfahrtstermin bestellt werden.

Natürlich kann man Baltrum auch auf dem Luftweg erreichen: Charterflüge werden vom Festland zum Beispiel vom Flugplatz Norddeich und von Harle aus angeboten.

Das Radfahren ist hier zwar nicht, wie der Autoverkehr, ausdrücklich verboten, aber trotzdem nicht gern gesehen. Alles, was sich schneller bewegt als ein Fußgänger, stört den Inselverkehr. Und warum sollte man sich auch hier auf einen Drahtesel schwingen? Wohin der Weg auf Baltrum auch führt – das Ziel ist schnell erreicht. Also geht man zu Fuß. Lediglich zu Transportzwecken werden Fahrräder eingesetzt, oft zusammen mit angekoppelten, »Wippen« genannten Karren. Mit Hilfe dieser Wippen wird beispielsweise auch das Reisegepäck vom Schiffsanleger zur Unterkunft geschafft. Rettungsfahrzeuge sind die einzigen motorisierten Vehikel auf Baltrum. Sogar elektrisch betriebene Rollstühle bedürfen hier einer Ausnahmegenehmigung – zu beantragen beim Landkreis Aurich, Straßenverkehrsamt, Außenstelle Norden, Tel. 04931/184333.

Garagenbetriebe Neßmersiel
Sammelruf Tel. 04933/2223 oder 721 oder 2363, Fax 04933/2089.
Fahrplanauskunft Bus **und Fähre**
Reederei Baltrum-Linie GmbH & Co. KG, Tel. 04939/235.
Inselspedition
Bruns-Strenge, Tel. 04939/272.
Flugverbindungen
Baltrum-Flug GmbH & Co. KG, Tel. 04939/538.
Luftverkehr Friesland, Flugplatz Harle, Zentralbuchung unter Tel. 04464/8011, Buchungs-
stelle auf Baltrum Tel. 04939/538.

Vorherige Seiten: Neßmersiel, der Fährhafen für Baltrum

Naturerlebnis Baltrum

Der Nationalpark Niedersächsisches Wattenmeer

Auf den ersten Blick empfindet ein Gast, der noch nie zuvor die Nordseeküste besucht hat, das Wattenmeer rund um Baltrum vielleicht als eine relativ unspektakuläre Landschaft. Doch was von weitem wie Ödland aussieht, ist dichtbesiedelter Lebensraum. Einsam ist man hier garantiert nicht: Pro Quadratmeter Wattboden zählten akribische Wissenschaftler bis zu 40 000 *Schlickkrebse*, 270 000 *Wattschnecken* oder 10 000 *Pfeffermuscheln*. Das pulsierende Leben ist sogar hörbar – Schlickkrebse erzeugen bei der Nahrungsaufnahme ein dezentes Geräusch, dessen millionenfache Aussendung sich im Watt zu einem kleinen, aber feinen Knistern summiert.

Für diese und andere Kleinlebewesen bietet das Watt mit seiner zweimal täglich tidenbedingten Frischwasserspülung ein ideales Umfeld. Pflanzen und Kleinlebewesen machen wiederum aus dem Watt ein Paradies für viele Vogel- und Fischarten. Zwei bis drei Millionen Zugvögel versorgen sich jährlich bei ihrem Aufenthalt im Wattenmeer mit den nötigen Fettreserven, die sie für den Rückflug in ihre Brutgebiet und für die erfolgreiche Fortpflanzung brauchen. Die Strömung trägt jedes Frühjahr Eier und Larven vieler Fischarten in das Wattenmeer. So hat diese Region für etliche Nordseetiere die wichtige Funktion einer »Kinderstube«. Das Wattenmeer der Nordsee ist einzigartig. Obwohl 70 Prozent der Erdoberfläche von den Weltmeeren bedeckt ist, findet man weltweit keine Region, die exakt gleiche Bedingungen bietet wie diese. Selbst im Gebiet der Nordsee ist das Wattenmeer ein exotischer Bereich. Es zieht sich zwar von Den Helder (Niederlande) bis Esbjerg (Dänemark) über eine ansehnliche Küstenlänge hin, aber von der Gesamtfläche der Nordsee macht es lediglich 1,5 Prozent aus.

Etwa 60 Prozent dieses sensiblen Lebensraums liegen im Hoheitsgebiet der Bundesrepublik Deutschland. Zum Schutz des Wattenmeeres wurden mehrere Küstenabschnitte als Nationalparks ausgewiesen. Das Gebiet um Baltrum ist Teil des seit 1986 zwischen Emden und Cuxhaven eingerichteten, etwa 240 000 ha großen »Nationalpark Niedersächsisches Wattenmeer«, auch die Insel selbst gehört dazu. Naturschutz und Fremdenverkehr sind ohne Reglementierungen kaum zu vereinbaren. So ist Baltrum in drei unterschiedliche Zonen eingeteilt.

Ruhezone: Hier gelten die strengsten Schutzbestimmungen, da sich in der Ruhezone die am meisten gefährdeten Tier- und Pflanzenarten befinden. Wattwandern, Wandern, Radfahren, Reiten und Kutschfahrten sind ganzjährig auf dafür speziell markierten Wegen erlaubt, ansonsten gilt generelles Betretungsverbot. Zur Ruhezone auf Baltrum gehören die Hellerflächen im Süd-

Folgende Seiten: Blick über das Wattenmeer bei Ebbe

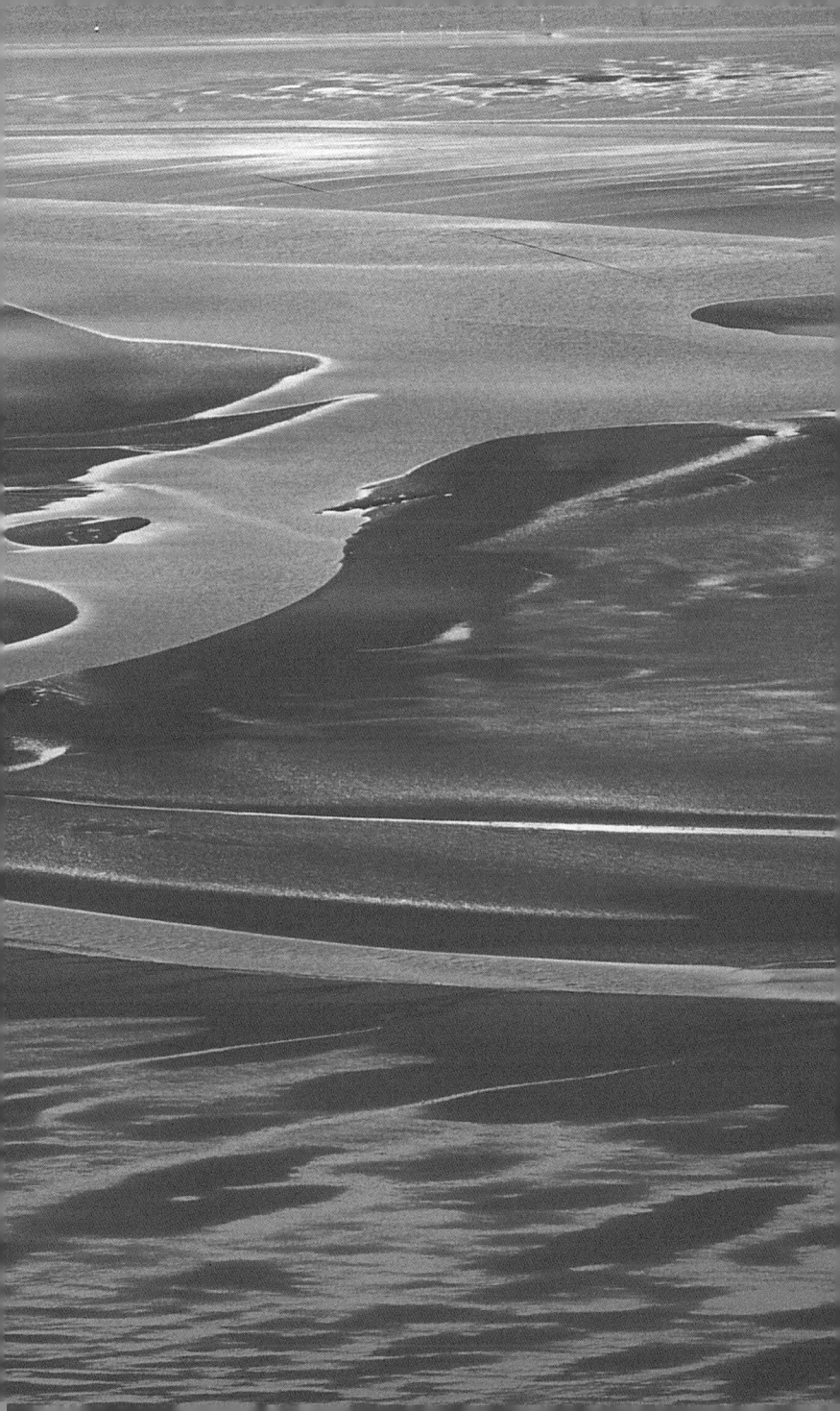

osten der Insel, etwa südlich der Linie Campingplatz-Osterhook. Auch das schon vor 1986 bestehende Naturschutzgebiet in der Inselmitte zwischen Wetterhäuschen und Jagdhütte ist Teil der Nationalpark-Ruhezone.

Die Ruhezone des Wattenmeeres – auf Baltrum vor den südöstlichen Hellerflächen – dürfen in der Zeit von drei Stunden nach bis drei Stunden vor mittlerem Tidehochwasser (MTHW) nur auf den ausgewiesenen Fahrwassern befahren werden.

Zwischenzone: In diesem Bereich ist der freie Zutritt zumindest zeitweise erlaubt. Die Schutzmaßnahmen der Zwischenzone dienen dennoch dem Erhalt des Landschaftscharakters. So ist die Störung wildlebender Tiere in ihren Lebensräumen natürlich auch hier untersagt. Als Störung gilt beispielsweise die allzu aufdringliche Fotopirsch enthusiastischer Hobby-Tierfilmer oder selbstverständlich auch der Versuch, den Naturgenuß durch Inbetriebnahme eines Gartengrills kulinarisch abzurunden. Hunde sind anzuleinen. Zwischen dem 1. April und dem 31. Juli, während der Hauptbrutzeit, darf das seewärts gelegene Deich- oder Dünenvorland nur auf den markierten Wegen betreten werden. Die Zwischenzone umfaßt auf Baltrum die südlichen Salzwiesen und Hellerweiden zwischen Hafen und Campingplatz, den nordwestlichen Strandbereich ab Höhe Wetterhäuschen bis Osterhook sowie die Dünengebiete zwischen Stadt und Inselmitte und um die Peilbake herum.

Erholungszone: In diesem Bereich ist der Erholungs- und Kurbetrieb im Rahmen der örtlichen Bestimmungen freigestellt. Auf Baltrum umfaßt die Erholungszone neben den beiden Ortsteilen mitsamt des Hafens den Badestrand im Norden.

Die in der Ruhezone und in der Zwischenzone zugelassenen Wege sind durch Pfähle gekennzeichnet:
- Grüne Markierung: Wanderwege
- Rote Markierung: Reitwege.

Die genauen Markierungen sind den sogenannten Nationalparkkarten zu entnehmen, die kostenlos im Nationalpark-Haus oder bei der Kurverwaltung ausliegen.

Dünen – die Gebirge der Nordseeküste

Dünen sind Naturwunder. Scheinbar aus dem Nichts entsteht ein gewaltiger Sandwall dort, wo noch einige Jahre zuvor flaches Gelände war. Manchmal hilft kundige Menschenhand dieser Entwicklung durch einige Kunstgriffe nach. Doch meist ist es die Natur allein, die in kurzer Zeit mehrere Meter Sand auftürmt und so als Landschaftsarchitekt wirkt.

Während der Ebbe trocknen Sandbänke und Strände an der Oberfläche ab. Der Wind verweht den unverfestigten Sand. Wo Sandhaufen über die Hochwasserlinie herauszuragen beginnen, entstehen Primärdünen – fragile Gebilde, die ein heftiger Sturm oder eine höhere Flut wieder vernichten kann. Erst allmäh-

Dünenschutz ist Küstenschutz

licher Pflanzenbewuchs (in erster Linie Strandquecke und Strandhafer) durch-
wurzelt den lockeren Sand, festigt die Düne und läßt sie noch wachsen durch
Sandablagerungen, die sich im Windschatten dieser Pflanzen bilden. Diese
»Weißen Dünen« liegen zumeist im ufernahen Bereich. Ältere Dünen, Grau-
oder Braundünen genannt, liegen etwas windgeschützter im Inselinneren. Ihr
Pflanzenbewuchs ist deutlich vielfältiger ausgeprägt, die Oberfläche besteht
bereits aus einer dünnen Mutterbodenschicht. So schnell, wie sich Dünen
bilden, können sie auch wieder verschwinden. Das gilt sogar für alte, scheinbar
längst verfestigte Dünen. Wenn der Pflanzenbewuchs Schaden nimmt, hindert
den Wind nichts daran, sein einmal geschaffenes Werk wieder fortzublasen.
So dienen die Wegebeschränkungen des Nationalparks nicht allein dem Arten-
schutz, sondern auch dem Erhalt der Dünen. Wird die Vegetation durch wilde
Trampelpfade, Abpflücken von Pflanzen, Lagern oder Reiten zerstört, bricht
selbst bei alten Dünen die Humusdecke auf. Der darunterliegende Sand wird
erneut verblasen und sorgt seinerseits für weiteres Unheil: Der vielfältige, aber
weniger rustikale Bewuchs der Binnendünen nimmt durch schmirgelnde Sand-
körnchen Schaden, stirbt ab und reißt so neue Löcher in den Dünengürtel. Auf
diese Weise sind schon ganze Inseln untergegangen, denn intakte Dünen
wirken als natürliche Wellenbrecher, die im übrigen nicht bloß die Inseln,
sondern auch die Festlandküste schützen. »Dünenschutz ist Küstenschutz!«
lautet eine alte Devise an der Nordseeküste. Die Bitte der Naturschützer,
innerhalb des Dünengeländes nicht von den eigens angelegten Wegen abzu-
weichen, entspricht also einer zwingenden Notwendigkeit. Diese Wege sind
jedoch bewußt so angelegt, daß ein Spaziergang darauf reichlich Gelegenheit
bietet, die Pflanzen- und Tierwelt zu beobachten.

Wandern im Watt

Eine Wattwanderung ist nicht weniger erholsam als ein Bad und interessant
obendrein. Wattwandern macht Spaß. Die gute Luft, die vielen kuriosen Tiere,
der fußfreundliche Boden – gerade an strahlenden Sommertagen vergißt man
leicht die Gefahren, die einen allzu sorglosen Wanderer hier bedrohen. Wer in
Unkenntnis der regionalen Verhältnisse die eigenen Fähigkeiten überschätzt, kann
in Schwierigkeiten geraten – das ist am Meer nicht anders als in den Bergen.
Daß bei widriger Witterung der Aufenthalt im Watt selbst Einheimischen
lebensgefährlich ist, bezeugt das tragische Ende des Baltrumer Seefahrtsschü-
lers Tjark Evers, der sich im Winter 1867 durch dichten Nebel von einem
Ruderboot über das Wattenmeer setzen ließ, um das Weihnachtsfest auf der
Insel bei seinen Eltern zu verbringen. Als das Boot vermeintlich den Strand
erreichte, stieg er aus. Längst war das Boot im Nebel entschwunden, als Tjark
merkte, das er sich keineswegs auf Baltrum, sondern auf einer Sandbank
befand. Die Flut stieg unaufhaltsam. Der unglückliche Schüler konnte nur noch
einen Abschiedsbrief in ein Schulheft schreiben, das er in eine Zigarrenkiste
legte und sorgfältig mit einem Taschentuch umwickelte. »Ich habe das Wasser
jetzt bis ans Knie«, endet sein Schreiben, »ich will mich gleich ertränken, denn

Hilfe ist nicht mehr da.« Drei Wochen später fand man die Kiste auf Wangerooge. Wo Tjark Evers' Leiche angespült wurde, ist hingegen unbekannt. Sein Abschiedsbrief ist im Esenser Heimatmuseum ausgestellt.

Ein nicht selten begangener Irrtum ist es, eine Wattwanderung bei Niedrigwasser zu beginnen, zu dem Zeitpunkt also, da die Ebbe ihren niedrigsten Stand erreicht hat. Bereits unmittelbar danach setzt die Flut ein. Wer bei Niedrigwasser eine Wattwanderung startet, läuft der Flut entgegen!

Ein großes Risiko sind Solotouren, weshalb Wattwanderungen nur unter Anleitung eines staatlich geprüften Wattführers unternommen werden dürfen. Auch wenn der weite Horizont lockt: Gehen Sie nicht allein. Im Fall der Fälle gibt es sonst niemanden, der Hilfe holen kann. Ein an einer Muschelschale verletzter Fuß kann schon Ursache dafür sein, daß eine sonst in kurzer Zeit problemlos bewältigte Entfernung eben nicht in kurzer Zeit bewältigt wird. Nichts ist unmöglich, und sicher ist nur eins: Die nächste Flut kommt garantiert pünktlich. Auch wenn der Rückweg scheinbar noch trocken ist, kann rasch ein vollaufender Priel den Weg verlegen. Diese Wassergräben sind nicht so ohne weiteres zu durchqueren. Die Strömung in ihnen kann selbst geübten Schwimmern zum Verhängnis werden, und es gibt manchmal in den Prielen Schlicknester, in denen rettungsloses Versinken möglich ist.

Natürlich sollten Inselgäste keinesfalls auf eine oder möglichst mehrere Wattwanderungen verzichten. Gerade auf Baltrum ist zum Beispiel ein reizvoller Ausflug über den Meeresboden zum Festland möglich. Es ist aber auf jeden Fall anzuraten, nur an einer der zahlreich angebotenen geführten Wanderungen (siehe »Adressen-ABC«) teilzunehmen, nicht bloß aus Sicherheitsgründen. Wie bereits erwähnt, erschließen sich die Besonderheiten des Wattenmeeres dem Fremden nicht unbedingt auf den ersten Blick. Ein kundiger Führer verweist auf viele Dinge, die dem Wanderer sonst sicher entgehen würden. Für eine Sicherheitsmaßnahme muß jedoch auch der Teilnehmer einer geführten Wattwanderung selbst sorgen: Da im Watt das Sonnenlicht besonders intensiv reflektiert wird, sollte man sich ausreichend mit einem Sonnenschutzmittel einreiben.

Schmatzende Krebse und schnorchelnde Muscheln – Wunderwelt Watt

Eine Wattwanderung beginnt am Spülsaum, jener magischen Linie, bis zu der die Wellen bei Normalhochwasser schlagen. Zwischen Spülsaum und Watt kann durchaus noch Gras wachsen. Diese seewasserbeständigen Gräser bilden die Salzwiesen, auch »Heller«genannt. Etwa 2000 Tierarten, überwiegend Insekten, finden hier ihren Lebensraum. Vor den Salzwiesen oder dem Strand beginnt das Schlickwatt. Die an das Ufer schlagenden Wellen transportieren winzige Schwebstoffe, aus denen Schlick entsteht. Diese Teilchen setzen sich nicht auf dem Spülsaum ab, sondern erst, wenn das Wasser wieder zurückweicht. Die strandnahe Schlickzone ist das Revier des *Quellers*, einer grünährigen Pflanze mit fleischigen Zweigen und zurückgebildeten Blättern, die bis zu 30 cm hoch wächst. Die Tierwelt ist in dieser Region ebenfalls reichlich vertreten. Die vielen Poren im Wattboden sind nämlich kein Werk der Wellen, sondern auf umtriebige *Wattschnecken* zurückzuführen, von denen sich bei Ebbe etliche eingraben. Andere ziehen auf dem Weg zu nahrhaften Algen Schleifspuren durch den Schlick. Man muß jedoch schon gut hinsehen – die *Wattschnecke* mißt samt Gehäuse nur wenige Millimeter.

Kaum größer ist der *Schlickkrebs*, der es ausgewachsen auf 15 Millimeter bringt, wobei die Hälfte dieser imposanten Länge auf die Fühler entfällt. Schlickkrebse hausen in U-förmigen Röhren, die sie im Sommer etwa vier Zentimeter, im Winter aus Frostschutzgründen zwölf Zentimeter tief anlegen. Ihre hohe Zahl garantiert den Fisch- und Vogelreichtum im Wattenmeer, denn sie dienen vielen Arten als bevorzugte Nahrung. Sie selbst haben für Mahlzeiten auch einiges übrig – ihr kollektives wisperndes Schmatzen ergibt das bei Windstille deutlich vernehmbare Knistern.

Nach der ufernahen Schlickwattzone folgt das Mischwatt, dessen Boden aus einem Schlick-Sand-Gemenge besteht. Auch hier blüht kurioses Leben im Verborgenen. Unter der Bodenoberfläche liegen nämlich schnorchelnde Muscheln. Wenige Zentimeter tief graben sich *Herzmuscheln* ein und strecken jeweils eine Ein- und Ausströmungsröhre zur Oberfläche. Bis zu 5000 Herzmuscheln stecken in einem Quadratmeter Wattboden!

Auf noch tieferer Tauchstation (bis zu 30 cm) steckt die *Sandklaffmuschel*, mit bis zu 15 Zentimetern Länge eine der größten heimischen Muschelarten. Sie hält mittels eines entsprechend langen Siphos Verbindung zur Oberfläche, um Sauerstoff und Nahrung aus dem Wasser zu filtern. Dieses schlauchartige Organ ist beweglich und von einer faltigen, braunen Haut umgeben. Registriert die Sandklaffmuschel Erschütterungen des Wattbodens, verursacht etwa durch Wattwanderer, zieht sie den Sipho ruckartig ein. Der noch im Sipho befindliche Wasserrest wird durch diese Kontraktion fontänenartig über die Oberfläche hinausgespritzt. Mit der bis zu 20 Zentimeter hohen Fontäne verraten die Muscheln dem aufmerksamen Wanderer ihren Standort. Ausgewachsene Sandklaffmuscheln können ihren Standort nicht mehr wechseln. Verändert sich an ihrer Position das Bodenniveau, sterben sie ab. An den sich ständig verändernden Prielkanten treten oft ganze Kolonien abgestorbener Sandklaffmuscheln zutage, deren senkrecht stehenden, messerscharfen Schalenränder für barfuß gehende Wattwanderer eine Gefahr sind.

Der für den Wanderer auffälligste Bewohner des Mischwatts ist jedoch der *Wattwurm*, dessen geringelte Sandkothäufchen überall zu sehen sind. Der 15-20 Zentimeter lange Wurm lebt in einer U-förmigen Wohnröhre, 25 Zentimeter tief im Wattboden. In seiner Röhre steckend, saugt der Wurm Sand in sich hinein, dem er Kleinstlebewesen und Pflanzenreste entzieht. So entstehen auf dem Watt die kleinen, trichterförmigen Vertiefungen. Sobald sein Darm gefüllt ist, kriecht der Wurm rückwärts zur Oberfläche und produziert die charakteristischen Sandkotkringel. Was Regenwürmer für den Komposthaufen sind, bedeuten Wattwürmer für das Watt: Sie reinigen den Boden. Die Sand-

Muschelfeld im Watt

kotkringel sind gereinigter Wattboden und kein Schmutz, der Wanderer muß also nicht auf Zehenspitzen durchs Watt laufen. Die Leistungsfähigkeit dieser Würmer ist verblüffend. Durch den Körper eines einzigen Wattwurms wandern jährlich bis zu 25 Kilo Sand! 20 Würmer verarbeiten in demselben Zeitraum einen Quadratmeter Wattboden vollständig bis zu einer Tiefe von 25 Zentimetern.

In Wassernähe geht das Mischwatt langsam in reines Sandwatt über. Es ist das Revier der Seegraswiesen und verschiedener Krebsarten, vor allem aber bilden sich hier ganze Kolonien von blauschwarzen *Miesmuscheln*. Die Miesmuscheln liegen nicht nur unterhalb der Niedrigwasserlinie, sondern auch auf dem Sandwatt, wo sie bei Ebbe trockenfallen. Sie graben sich nicht ein, sondern verbinden sich mit Sekretfäden, sogenannten »Byssusfäden«, zu regelrechten Muschelbänken. Unter günstigsten Bedingungen erreichen sie dabei eine Dichte von bis zu 12 000 Stück pro Quadratmeter. Miesmuscheln sind ziemlich widerstandsfähig: Während sommerlicher Temperaturen überleben sie selbst auf dem Trockenen tagelang; im Winter ertragen sie monatelange Abgeschlossenheit im Eis. Allerdings können Eisschollen vor allem im Wattenmeer ganze Muschelbänke »abrasieren«.

Im Watt liegend, aber eigentlich – da sie auch bei Ebbe nicht vollständig trockenfallen – zum Meer gehörend, bilden die Priele eine eigene Zone des Wattenmeeres. Hierhin zieht sich allerlei Getier während der Ebbe zurück, um die nächste Flut abzuwarten. Neben *Strandkrabben*, *Einsiedlerkrebsen* und *Nordseegarnelen* verweilen hier auch Fische wie *Aale* und *Schollen*.

Baltrumer Vogelwelt

Baltrum hat für Ornithologen einiges zu bieten. Viele verschiedene Vogelarten brüten auf der Insel, andere verweilen hier während ihrer Durchreise. Die Festlandnähe und das im Wattenmeer reichlich vorhandene Nahrungsangebot bieten den Vögeln ideale Bedingungen. Auf Baltrum finden sich zusätzlich unterschiedliche Vegetationszonen, so daß nicht nur typische See- und Strandvögel, sondern auch auf dem Festland beheimatete Arten hier ein Revier finden.

Die ausgedehnten Hellerflächen und die feuchten Dünentäler im Bereich der Altdünen sind echte Vogelparadiese. Da Baltrums Wasserversorgung durch eine Druckleitung vom Festland her sichergestellt ist, läßt man die unter der Insel gelegene Süßwasserlinse unangetastet. So sind die Dünentäler nicht durch Trinkwasserentnahme von Austrocknung bedroht. Ein in dieser Region häufig anzutreffender Brutvogel ist die *Brandgans*, die ihr Nest in verlassenen Kaninchenbauten anlegt.

Auf den mit violettem Strandflieder bewachsenen Salzwiesen im Bereich der Nationalpark-Ruhezone im Südosten Baltrums sind verschiedene Seeschwalbenarten zu finden, und mit dem *Austernfischer* der neben den Möwen wohl am häufigsten an der Wattenküste vertretene Vogel. Hier könen auch *Säbelschnäbler* beobachtet werden, die mit ihren langen, aufwärts gebogenen Schnäbeln im Flachwasser von Tümpeln und Prielen jagen. Dabei stochert ein Säbelschnäbler nicht etwa im Wasser herum, sondern bewegt seinen Schnabel rasch hin und her, um auf diese Weise Kleingetier zu erwischen. Schon exotischer, weil selten geworden und vom Aussterben bedroht, ist der ebenfalls hier noch anzutreffende *Rotschenkel*.

Im Dünen- und Strandbereich dominieren die Möwen. Die kleinste unter ihnen ist die *Lachmöwe*. Der etwa 40 Zentimeter große Vogel verdankt seinen Namen nicht etwa einem besonders humorigen Charakter. Die Vorsilbe »Lach« bezieht sich vielmehr auf Wasserlachen, flache Seen und Tümpel, die zum bevorzugten Jagdrevier dieser einst überwiegend im Binnenland beheimateten Möwenart zählten. Mit dem zunehmenden Verlust ihrer binnenländischen Brutplätze ist die Lachmöwe auf Reviere an der Nordsee ausgewichen.

Sehr verbreitet ist die nur wenig größere *Sturmmöwe*, die etwa bis zur Mitte des 20. Jahrhunderts vor allem an der Ostsee anzutreffen war. Am häufigsten ist jedoch die größte hier anzutreffende Möwenart – die *Silbermöwe*. Sie wird bis zu 56 Zentimeter lang und 1,1 Kilogramm schwer. Ein Baltrum-Besucher lernt sie meist schon während der Anreise kennen: Silbermöwen begleiten oft die Fährschiffe, mit denen sie manchmal so vertraut sind, daß sie von den Passagieren hingehaltene Brotstücke aus der Hand picken.

Austernfischerkolonie

Der Flutsaum – Fundgrube des Strandes

Wie ein dunkles Band, geflochten aus Algenbüscheln, zieht sich die Linie des Flutsaums um die Insel. Je nach Strandstück, Seegang und Wetterlage verändert sich die Beschaffenheit dieses Gürtels. Stellenweise sind Algen und Tang zu filzigen Nestern und dicken Klumpen verdichtet, in denen allerlei zusammengeschwemmt ist: Muscheln, Krebspanzer, Schneckenhäuser und vieles mehr. Zwischen pflanzlichem und tierischem Treibgut findet sich manchmal etwas, was den Strandläufer begeistert. Zwar ist angeschwemmter Zivilisationsmüll häufiger anzutreffen als die klassische Flaschenpost oder die algenüberwucherte Piratenschatztruhe, aber sicher ist nur eines: Alles, was irgendwo an einer anderen Küste oder von einem Schiff ins Wasser fällt und schwimmt, wird irgendwann irgendwo angetrieben – manchmal auch auf Baltrum. Vor allem nach Sturmtagen ist die Chance groß, verwertbares Strandgut zu finden. Zu früheren Zeiten empfanden die Baltrumer – wie übrigens die Küstenbewohner sicher aller Nationen – anläßlich eines Schiffsunglücks vor ihren Ufern nicht nur Mitleid mit der Besatzung, sondern freuten sich in erster Linie dabei über den unverhofften Segen auf ihrem Strand. In Anbetracht der zeitweise ausgesprochen ärmlichen Lebensumstände ist diese Haltung verständlich. Verwerten ließ sich bis hin zur Schiffsplanke annähernd alles. Jeder Balken war auf den baumarmen Ostfriesischen Inseln eine begehrenswerte Beute. Längere Perioden ohne eine Strandung gefährdeten sogar die Existenz der

Inselwirtschaft. Schließlich hatten die Baltrumer das jeweilige Unglück nicht zu verantworten. Das Bergen von Gütern aus gescheiterten Schiffen erfolgte oft noch während eines Sturms und war daher nicht ungefährlich. Für dieses Risiko schien ein guter Bergelohn allemal gerechtfertigt.

Die übliche Regelung sah vor, daß ein Drittel des Bergeguts an den Landesherren, ein Drittel an den oder die Besitzer der Ladung ging und das letzte Drittel unter den Bergenden verteilt wurde. Ließ sich ein Besitzer nicht ausfindig machen, sprach man dessen dritten Teil den Bergenden zu. Fast jeder Baltrumer war dann am Ertrag beteiligt. Um 1600 hatte der Vogt die Anweisung, regelmäßig die Insel zu umrunden, um nach eventuellem Strandgut Ausschau zu halten. Allerdings unterlag der Vogt auch der unglücklichen Verpflichtung, den Anteil des Landesherrn vor begehrlichen Übergriffen anderer Insulaner schützen zu müssen. Daher verdächtigten ihn seine Mitbürger ebenso regelmäßig der Unterschlagung gemeinsam geborgener Güter.

Schwere Schiffsunglücke sind vor Baltrum heutzutage glücklicherweise äußerst selten. Die Hauptschiffahrtswege liegen weiter seewärts als früher und sind durch die stark verbesserte Sicherheitstechnik risikoärmer zu befahren. Das Strandlaufen, »strandjen« genannt, ist auch ohne komplette Wracks auf dem Flutsaum eine spannende Angelegenheit geblieben. Strandlaufen macht süchtig. Wen es gepackt hat, der muß nach einer windigen Nacht einfach hinausgehen und nachsehen, was die Wellen diesmal auf den Baltrumer Strand getragen haben. Ein Gewinn ist dem Strandläufer dabei jedesmal sicher: Am Strand genießt man Seeluft pur. Gesünder kann ein Spaziergang nicht sein.

Ebbe und Flut

Der stete Wechsel zwischen ab- und auflaufendem Wasser ist eines der faszinierendsten Naturphänomene der Nordseeküste. Das Gezeitenschema verläuft dabei nach einem exakten Plan, obwohl es sozusagen »nach dem Mond« geht: Es unterliegt dem Einfluß des Mondes auf die Weltmeere. Die Anziehungskraft des Mondes bewirkt auf der ihm zugewandten Erdseite einen Flutberg, dem ein durch Rotationskraft verursachtes Pendant auf der entgegengesetzten Erdhälfte gegenübersteht. Zwischen den beiden Flutbergen bilden sich zwei Ebbetäler aus. Dem Mond folgend wandern Flut und Ebbe um die Erdkugel und wiederholen sich in der Zeit eines halben Mondumlaufs – genau alle 12 Stunden, 25 Minuten und 14 Sekunden.

Die Konstellation der Sonne zu Erde und Mond beeinflußt die Höhe der Tide. Liegen bei Neu- und Vollmond Erde, Sonne und Mond auf einer Achse, addieren sich ihre Anziehungskräfte. Die Folge ist eine Springtide mit höherem Hochwasser und geringerem Niedrigwasser. Stehen Erde, Sonne und Mond dagegen rechtwinklig zueinander, wie es bei Halbmond der Fall ist, heben sich die Anziehungs- und Fliehkräfte teilweise auf. Es kommt zu einer sogenannten Nipptide, bei der das Hochwasser niedriger als normal ausfällt und das Niedrigwasser weniger stark zurückweicht. Als Mitteltide bezeichnet man den Wert zwischen diesen beiden Extremen.

Strandgutsammler

Erreicht der Flutberg des Atlantischen Ozeans die Nordsee, rollt er als Welle auf Baltrum und die Küste zu. Welcher Wasserstand letzten Endes vor der Insel erreicht wird, ist jedoch nicht allein von der Planetenkonstellation, sondern auch vom Wetter abhängig. Bläst der Flutwelle ein starker Ostwind entgegen, ist nicht mit Sturmfluten zu rechnen. Dramatisch wird es erst, wenn sich die Kräfte von Flutwelle und dauerhaft orkanstarkem Wind aus nordwestlicher Richtung vereinen. Dann beginnt das große Kräftemessen zwischen Nordsee und Deichen.

Laue Lüftchen und stürmische Zeiten

An der Waterkant weht meistens eine Brise. Dieses Phänomen ist schließlich ein wesentlicher Faktor des heilsamen Baltrumer Seeklimas. Manchmal allerdings wird aus dem angenehm fächelnden Nordseewind ein brüllender Sturm, der einigen Spektakel verursachen kann. Wer wissen will, welche Windstärke ihn zaust, richtet sich nach den bewährten Meßkriterien des britischen Admirals und Hydrographen Sir Francis Beaufort (1774-1857):

Windstärke 0: Absolute Windstille. Rauch steigt senkrecht empor. Das Meer liegt spiegelglatt – ein auf den Inseln wohl äußerst seltenes Schauspiel. Die Windgeschwindigkeit (gemessen in einer Höhe von zehn Metern) bewegt sich zwischen 0-0,2 Meter/Sekunde.

Windstärke 1: Leiser Zug, gerade ausreichend, um Rauchsäulen zu bewegen. Fahnen hängen schlaff an den Masten, das Meer bewegt schaumlose Kräuselwellen. Windgeschwindigkeit 0,3-1,5 m/s.

Windstärke 2: Leichte Brise, auf der Haut fühlbar. Fahnen und Blätter bewegen sich, die Nordsee reagiert mit kurzen, ungebrochenen Wellen. Windgeschwindigkeit 1,6-3,3 m/s.

Windstärke 3: Schwache Brise. Sie streckt Fahnen, bewegt Blätter und Zweige. Auf See werden schaumgekrönte Wellenkämme sichtbar. Windgeschwindigkeit 3,4-5,4 m/s.

Windstärke 4: Mäßige Brise, die jedoch ausreicht, Staub und lose herumliegendes Papier (was es natürlich in einem sauberen Nordseeheilbad eigentlich gar nicht gibt) aufzuwirbeln und dünnere Äste zu bewegen. Die Nordseedünung wird länger, Schaumkronen verstärken sich. Windgeschwindigkeit 5,5-7,9 m/s.

Windstärke 5: Frische Brise. Kleine Bäume beginnen zu schwanken, das Meer trägt Schaumkronen. Windgeschwindigkeit 8,0-10,7 m/s.

Windstärke 6: Starker Wind bewegt auch starke Äste und pfeift an Telefonleitungen. Regenschirme sind schwierig zu handhaben (wozu auch, auf den Inseln trägt man »Friesennerz«), am Ufer brechen schäumend die Wellenkämme. Windgeschwindigkeit 10,8-13,8 m/s.

Windstärke 7: Steifer Wind leistet dem gegenangehenden Wanderer spürbaren Widerstand, große Bäume geraten in Bewegung. Wellen türmen sich auf, von ihren Kämmen geblasene Schaumstreifen markieren die Windrichtung. Windgeschwindigkeit 13,9-17,1 m/s.

Windstärke 8: Stürmischer Wind bricht Zweige aus den Bäumen. Spazierengehen bei Gegenwind wird zur Kraftprobe. Auf der Nordsee schlagen Wellenberge Gischt und Schaum. Windgeschwindigkeit 17,2-20,7 m/s.

Windstärke 9: Der Sturm ist da, stark genug, um Ziegel von Hausdächern zu reißen. Die See beginnt zu rollen. Windgeschwindigkeit 20,8-24,4 m/s.

Windstärke 10: Schwerer Sturm entwurzelt Bäume und verursacht auch größere Schäden an Häusern, wie beispielsweise die Komplettabdeckung ganzer Dächer. Die Nordsee beginnt zu kochen – über den rollenden Wellenbergen schäumt es weiß, fliegende Gischt beeinträchtigt den Ausblick. Windgeschwindigkeit 24,5-28,4 m/s.

Windstärke 11: Orkanartiger Sturm. Diese Windstärke wird im Binnenland selten erreicht. Falls es doch einmal dazu kommt, muß man mit flächendeckenden Sturmschäden rechnen. Auf dem Meer bilden sich außergewöhnlich hohe Wellenberge, verstärkt sprühende Gischt vermindert zunehmend die Sicht. Windgeschwindigkeit 28,5-32,6 m/s.

Windstärke 12: Orkan. Die Elemente vermischen sich. Der Sturm peitscht das Meer derart, daß fliegende Gischt und Schaum die Luft durchsetzen. Fernsicht ist unmöglich und in den meisten Fällen auch nicht erforderlich: Wer nicht unbedingt muß, setzt sicher keinen Fuß vor die Tür. Hauptsache, es gibt noch genug Tee und Kluntjes im Haus. Ein Schuß Rum wäre auch nicht übel. Ein Orkan stürmt mit einer Windgeschwindigkeit ab 32,7 m/s – das entspricht einem Tempo von knapp 120 km/h (Umrechnungsfaktor: 1 m/s = 3,6 km/h).

Platt am Watt – Sprachverwirrungen

Wenn zwei Baltrumer Plattdeutsch sprechen, ist für den in dieser Hinsicht nicht besonders versierten Binnenländer kaum etwas bis gar nichts zu verstehen. Ein schlichtes »Moin!« versteht natürlich noch jeder, ohne dabei zu ahnen, daß in diesem universellen Grußkürzel mehr steckt als das Wort »Morgen«. Das »Moin!« beinhaltet nämlich nicht nur einen »Schönen Morgen«, sondern auch einen »Schönen Tag« oder »Schönen Abend«, denn »moij« heißt »schön«. Die Annahme, ein abends mit »Moin!« grüßender Mensch sei vermutlich etwas durcheinander oder gerade erst aufgestanden, ist also ein Trugschluß. Völliges Unverständnis in Sachen Plattdeutsch kann zu erheblichen Mißverständnissen führen. Wenn der Pensionswirt murmelt, man könne ein »Küssen« haben, winkt nicht etwa ein amouröses Nordseeabenteuer, sondern der gute Mann bietet lediglich ein Kissen an. Ein Kuß hingegen heißt »Dutje«, was so ohne weiteres ja auch nicht gerade zu verstehen ist. Plattdeutsch ist nicht zu verwechseln mit friesischer Sprache. Friesisch war einst die Landessprache. Noch um das Jahr 800 herum wurde entlang der Nordseeküste von Flandern bis zur Grenze Jütlands sowie mehr oder minder tief landeinwärts Friesisch gesprochen, selbstverständlich mit Ausprägung lokaler Dialekte. Das Friesische ist keine deutsche Mundart, sondern eine eigenständige Sprache, ein Zweig der englisch-friesischen Spracheinheit, die aus dem Westgermanischen hervorgegangen und am nächsten mit dem Angelsächsischen verwandt ist.

Im Zuge der Reformation verdrängte im Bereich der ostfriesischen Küste zwischen Weser und Ems das Plattdeutsche zunehmend die friesische Sprache. Etwa in der Mitte des 17. Jahrhunderts begann man in Norddeutschland und im lutherischen Teil Ostfrieslands, das Plattdeutsche zumindest im Amtsgebrauch und an den Schulen durch Hochdeutsch zu ersetzen. Emden sowie andere calvinistisch-reformierte Bereiche Ostfrieslands gingen jedoch zur niederländischen Sprache über. Im 18. Jahrhundert betrug der niederländische Anteil unter den in Emden erschienenen Druckwerken bis zu 71 Prozent. Bis 1879 wurde in Emdener Kirchen holländisch gepredigt. Noch heute benutzen auch die Baltrumer manche Worte, die dem Niederländischen entnommen sind: Der berühmte »Elfürtje« (Elf-Uhr-Tee) ist ein Beispiel dafür, aber auch der »Poller« oder »Polder« (neu eingedeichtes, eingeschlicktes Marschland). Ist dagegen beispielsweise von Füßen die rede, ist die ebenfalls vorhandene Anlehnung an die englische Sprache unverkennbar: Da heißt es auf Baltrumer Platt, very british, schlicht »Footen«.

Heute ist das Inselplatt auf Baltrum durchaus noch in Gebrauch, aber im Umgang mit Hochdeutsch, anderen Dialekten und fremden Sprachen sind die Insulaner längst versiert – 100 Jahre Fremdenverkehr blieben da nicht folgenlos. Wie verbreitet Plattdeutsch in Norddeutschland tatsächlich noch ist, stellt eine unlängst durchgeführte Umfrage unter Beweis. Die Befragung 2000 repräsentativ ausgewählter Bürger aus Schleswig-Holstein, Hamburg, Bremen, Niedersachsen und Westfalen ergab, daß immer noch 56 Prozent der

Krabbenkutter auf Fangfahrt

Norddeutschen aktiv Plattdeutsch sprechen und gar 90 Prozent in der Lage sind, diese Sprache zu verstehen.

Wer die Gelegenheit hat, einmal einem längeren auf plattdeutsch geführten Gespräch zu lauschen, wird rasch ein vielleicht bis dahin gehegtes Vorurteil begraben, die Sprache der Küste würde plump klingen. Als Paradebeispiel dafür mag ein Satz gelten, der inhaltlich das Dilemma eines gescheiterten Liebespaares kommentiert: »Wenn hei nei son hart Hart hatt har, har hei hör hatt!« (Wenn er nicht so ein hartes Herz gehabt hätte, hätte er sie gehabt.)

Ostfriesische Hochgenüsse

Abwarten und Tee trinken – nach Ostfriesenart

Wenn die Engländer ihren berühmten »Five o'clock-tea« schlürfen, leeren die Ostfriesen bereits die vierte Kanne. Tee ist *das* Nationalgetränk der Region, wie die Statistik eindrucksvoll beweist: Sieben Pfund Tee verbraucht ein Ostfriese durchschnittlich im Jahr – der Bundesdurchschnitt liegt gerade bei 200 Gramm.

Spätestens, wenn sie an einem kühlen Tag ordentlich windverblasen von einem Deich- und Dünenspaziergang in ihre Quartiere zurückkehren, lernen auch passionierte Kaffeetrinker ein angebotenes »Koppke« Tee zu schätzen. Überhaupt, Kaffee. Der wird weltweit bloß in Tassen oder Becher gegossen und getrunken – fertig. Echte Teeliebhaber entwickeln um ihr verehrtes Aufgußgetränk ein regelrechtes Zeremoniell, das gilt für Ostfriesland nicht weniger als für Japan. Unverzichtbarer Bestandteil der ostfriesischen Teevariante ist natürlich die Mischung selbst, meist indischer Assam-Tee mit Beimischungen von Ceylon-, Sumatra- oder Darjeelingblättern. Für jede geplante Tasse berechnet man einen Löffel Tee, einen weiteren als Zugabe »für die Kanne«, die bereits vorgewärmt sein sollte. Das Wasser für den Aufguß muß sprudelnd heiß sein. Die Wasserqualität ist entscheidend für die Güte des Tees – mit steigender Wasserhärte sinkt die Chance, einen guten Geschmack zu erzielen, weswegen seltene Puristen am liebsten sauberes Regenwasser benutzen. Aufgegossen wird zunächst nur ein kleiner Teil des kochenden Wassers, gerade soviel, daß die Teeblätter bedeckt sind. Hat der Tee drei bis fünf Minuten gezogen, gießt man heißes Wasser in genau der Menge nach, die getrunken werden soll.

Zur ostfriesischen Teezeremonie gehört natürlich ein entsprechendes Service, am besten ein klassisches Design aus Reliefporzellan. In die Tasse, das »Koppke«, kommt ein Stück weißer Kandis, das »Kluntje«. Nun kommt der große Moment: Aus der Kanne ergießt sich ein heißer Teestrahl auf den Kandis, der knackend zerplatzt – allein schon dieses Geräusch steigert das Wohlbefinden. Des Kunstwerks finale Krönung bildet das »Wulkje«, ein Löffel flüssiger Sahne, die wolkig vom Tassengrund aufsteigt und nicht umgerührt werden darf, andernfalls gilt man als Banause.

»Drei Tassen sind Ostfriesenrecht«, sagt man und meint damit das Quantum pro Teepause. Davon gibt es mehrere täglich: Zum Frühstück, Mittag und Nachmittag sowieso, und vor allem natürlich den »Elfürtje«. Der Elf-Uhr-Tee ist den Ostfriesen mindestens so wichtig wie den Engländern der »Five o'clock«, und warum sollte man mit dem Genuß eines so edlen Getränks auch bis zum Nachmittag warten?

Tee ist das Getränk, welches man Gästen anbietet, ob sie nun überraschend oder angemeldet zu Besuch kommen. Vernünftige Gespräche beginnen nicht, bevor die »Koppkes« auf dem Tisch oder zwischen den Händen dampfen. Geschäftliche Verhandlungen verlaufen beim Tee entspannter. Nachgießen,

Ein typisches norddeutsches Fischgericht

abtrinken oder den feinen Dampffäden hinterhersehen, die dem duftenden »Koppke« entsteigen – das verschafft in fast jeder Lebenslage Pausen der Besinnlichkeit. »Abwarten und Tee trinken« ist in Ostfriesland eben kein hohler Spruch, sondern Lebensphilosophie.

Suppe zum Anstoßen

Wer auf Baltrum oder andernorts in Ostfriesland zu einer »Bohntjesopp« eingeladen wird und eine nahrhafte Hülsenfruchtsuppe erwartet, erlebt sein blaues Wunder. Nicht daß eine Bohntjesopp keinen Nährwert hätte: Die »Bohnen« sind Rosinen, und die haben es in sich. Die Rosinen werden drei Tage in Branntwein eingelegt, dann rührt man gelösten Kandis in das Gebräu. Serviert wird die »Suppe« im speziellen, henkellosen »Branntwienskoppke«, stilecht mit Löffel. Bohntjesopp schlürft oder löffelt man gern bei Familienfesten. Vor allem bei Feiern anläßlich einer Geburt oder Kindstaufe gilt die Suppe als Spezialität. Auf Baltrum kann man Bohntjesopp ruhig einmal ausgiebig probieren – hier fährt man ja sowieso nicht mit dem Auto.

Für Leib und Seele

Nordseeluft macht hungrig. Die ostfriesische Küche begegnet dieser Herausforderung mit einigen Spezialitäten, nach deren Genuß man sich befähigt fühlt, auch während eines mittleren Orkans noch senkrecht auf der Deichkrone stehen zu können. Bevor man sich jedoch vom Tisch erhebt, wäre es vielleicht angezeigt, ein Gläschen »Friesenwein« (klarer Korn) oder «Friesenfeuer« (süßer Aufgesetzter, brennend serviert) zu sich zu nehmen.

Als einstiger Höhepunkt bäuerlicher Schlachtfeste galt das »Sniertjebraa«. Die Kreation aus fettem Nacken- und Schulterbraten wird mit Schweinefett allseits scharf angebraten und mit Zwiebeln, Pfeffer, Salz, Mehl und Sahne zubereitet.

»Speckendicken« ist kein Zustand, sondern eine Mehlspeise, die man vornehmlich im Winter und speziell zu Silvester serviert. Der Teig wird aus Weizen- und Roggenschrotmehl mit Sirup, Eiern, Schmalz und Gewürzen (Zimt, Anis) angerührt, einige Tage gekühlt und dann mit einigen Scheiben Mettwurst in einem Waffeleisen gebacken. Übriggebliebenes Speckendicken kann durchaus noch am nächsten Tag kalt gegessen werden – falls man dann schon wieder Hunger hat.

»Labskaus« ist ein traditionelles Gericht an der gesamten Nordseeküste. Pökelfleisch, Salzheringe, Zwiebeln und Rote Bete werden durch den Wolf gedreht und mit gekochten, zerstampften Kartoffeln, gekrönt von einem Spiegelei und einer Gewürzgurke, serviert. Früher galt Labskaus auch als typisches »Resteessen«, in dessen Komposition je nach Stand der Vorräte bestimmte Komponenten geschmacksweisend waren. Gut zubereitet, kann das Gericht durchaus mit vermeintlich edleren Speisen konkurrieren. Es schmeckt viel besser, als es aussieht! Ebenfalls deftig und in etlichen Variationen zubereitet sind die zahlreichen Kohlgerichte, für die Ostfriesland berühmt ist. Wie auch immer die Wahl ausfällt: Handelt es sich um ein Grünkohlessen, muß ein Pinkel darin sein. Ein echter Pinkel hat eine geräucherte Füllung aus durchwachsenem Speck, Hafergrütze, Zwiebeln, Pfeffer und Salz.

Neben der bereits erwähnten Bohntjesopp, die ja eben doch keine Bohnen enthält, ißt man in dieser Region gern getrocknete Bohnen mit Speck oder große Bohnen mit Rauchfleisch – garantiert ohne Alkohol, den man aber selbstverständlich separat zu sich nehmen kann.

Natürlich ißt man auf Baltrum auch viel Fisch. Klassiker wie »Pannfisch«, ein Fischomelett mit Kartoffelresten und gebratenem Speck, oder Hering in Sahnesoße sollte man sich nicht entgehen lassen. In den Monaten mit einem »r« am Ende kann man in Muschelgerichten schwelgen. Miesmuscheln sind überall zu bekommen und lassen sich auch einfach selbst zubereiten: Die Muscheln werden mit kaltem Wasser abgespült und gereinigt, dabei schließen sich die Schalen. Dann bedeckt man sie mit Flüssigkeit – von Wasser bis Weißwein mit Kräutern und Zwiebeln ist da alles möglich – und kocht sie solange, bis sich die Schalen geöffnet haben. Das Muschelfleisch ist nun gar und leicht zu entnehmen. Trotz des Kochvorgangs noch geschlossene Muscheln sollten nicht gegessen werden, sie könnten verdorben sein.

Im Mai/Juni locken gebratene Maischollen. Eine besondere Delikatesse sind die kleinen Nordseekrabben, die eigentlich als Garnelen zu klassifizieren sind und in Friesland »Granat« genannt werden. Ob als Krabbencocktail, Beilage oder einfach auf einer Scheibe herzhaftem Schwarzbrot mit Butter – Krabben bieten in jeder Zubereitungsart einen Hochgenuß.

Als Störtebeker nach Ostfriesland kam

Vom Jadebusen bis zum Dollart säumt die »Störtebeker-Straße« die ostfriesische Festlandküste. Phantastische Geschichten von gekaperten Koggen, sagenhaften Schätzen und gruseligen Grausamkeiten kommen jedem Besucher Ostfrieslands eher früher als später zu Ohren. Und im Zentrum fast aller geheimnisumwitterten Berichte steht der legendäre Klaus Störtebeker.

Die Fama verfremdet vieles. Die Facetten des überlieferten Störtebeker-Bildes reichen vom Typus des blutrünstigen Rohlings bis zum edelmütigen Charakter eines Robin Hoods der Meere – es läßt sich eben alles mögliche behaupten über einen Mann, der seit 600 Jahren tot ist. Sicher ist nur, daß er tatsächlich existierte, seiner seeräuberischen Profession auch in ostfriesischen Gewässern nachkam und nach dem 20. Oktober 1401 auf dem Hamburger Grasbrook enthauptet wurde. Sogar das Störtebeker »Becherstürzer« bedeutende Pseudonym leitete sich angeblich aus der grandiosen Angewohnheit des trinkfesten Klaus ab, mehrmals täglich seinen enormen Bierkrug restlos zu leeren. Wer nun insgeheim denkt, das schaffe er schließlich auch, sei auf folgende Modalitäten hingewiesen: Störtebeker trank, ohne abzusetzen – und der Krug faßte sechs Liter.

Die Geschichte der »Vitalienbrüder« oder »Likedeeler« (Gleichteiler, alle Besatzungsmitglieder erhielten den gleichen Beuteanteil) begann eigentlich auf der Ostsee. 1389 ließ die dänische Königin Margarete ihre Truppen gegen Schweden vorgehen. Obwohl der Schwedenkönig Albrecht III. bald in Gefangenschaft geriet, widerstand die Stadt Stockholm hartnäckig der Belagerung, der Konflikt zog sich hin. König Albrecht war auch Herzog von Mecklenburg. Die Mecklenburger begannen nun ihrerseits gegen Dänemark vorzugehen, allen voran die Hansestädte Rostock und Wismar. In Ermangelung eigener Truppen besannen sich die Honoratioren auf ein ebenso probates wie preisgünstiges Mittel der Kriegsführung. Sie statteten eine Horde wilder Abenteurer mit Kaperbriefen aus. Der offizielle Auftrag lautete zwar, nur feindliche – also dänische – Schiffe anzugreifen, aber auf Dauer konnten die Piraten mit der Lizenz zum Kapern den Verlockungen der sich zahlreich bietenden Möglichkeiten, wohlbeladene Handelsschiffe anderer Nationalitäten kurzerhand aufzubringen, nicht widerstehen. Nachdem sich die Vitalienbrüder (Ableitung von »Viktualien« = Lebensmittel) auf Gotland einen strategisch günstigen Stützpunkt verschafft hatten, brachten ihre Aktivitäten den Ostseehandel während der 90er Jahre des 14. Jahrhunderts zeitweise fast zum Erliegen.

Am 21. März 1398 kam für die Vitalienbrüder mit der Landung eines Expeditionskorps des Deutschen Ritterordens das Ende der gotländischen Ära. In der Ostsee hatten sie fortan ausgespielt. Was lag also näher als ein Wechsel in die Gefilde der Nordsee? Ostfriesland bot mit zahlreichen Buchten, Kanälen und Flüssen eine Vielzahl geeigneter Schlupfwinkel, vor der Küste versprach die Schiffsroute zwischen Hamburg, Bremen und der Ärmelkanalregion reiche

Beute. Besonders famos war jedoch die Tatsache, daß die lokale Obrigkeit sie nicht nur unbehelligt ließ, sondern sogar mit offenen Armen empfing.

Während der sogenannten »Häuptlingszeit«(um 1350-1464) verteilte sich die Macht im Lande auf eine ganze Anzahl regionaler Herrscher, die sich in bunt wechselnden Allianzen befehdeten. Als sichtbares Zeichen ihrer bevorzugten Stellung galt meistens ein Steinhaus, eine »Burg«, deren Errichtung den Friesen nach alten Rechtssatzungen untersagt war.

Beim Ausfechten nachbarschaftlicher Streitigkeiten waren die ostfriesischen Häuptlinge in der Wahl ihrer Mittel alles andere als zimperlich. Noch heute erzählt man schaudernd die Geschichte von Edo Wiemken, Häuptling der Herrschaft Jever. Als seine Schwester von ihrem Ehemann, dem Häuptling von Esensham, verstoßen wurde, nahm Wiemken seinen Schwager Husseke Hayen gefangen, ließ ihn wochenlang foltern und schließlich in zwei Hälften sägen – mittels eines feuchten Hanfseils

Dieser sympathische Mensch soll als erster der Häuptlinge den Vitalienbrüdern Unterschlupf gewährt haben. Andere folgten bald seinem Beispiel. So soll Klaus Störtebeker die Tochter des Häuptlings Keno tom Brok geheiratet und den Kirchturm von Marienhafe zum Räuberhauptquartier gemacht haben. Die Leybucht reichte seinerzeit bis zur Kirche heran. Noch heute kursieren wunderbare Erzählungen von dem Störtebeker-Schiff, das unter vollen Segeln bis zur Kirche braust, um direkt am Gemäuer festzumachen. In der Marienhafer Kirche kündet ein sehenswertes Museum von den finsteren Aktivitäten des prominenten Piraten.

Bessere Hilfstruppen als die Vitalienbrüder gab es nicht: Sie waren kampferprobt, mobil und versorgten sich selbst. Überdies füllte der Handel mit ihrem Beutegut manch leere Kriegskasse. Natürlich versuchten die Kaufleute der Hanse gegen diese geschäftsschädigenden Praktiken vorzugehen. Doch kaum hatten ihre Soldaten und Unterhändler einen Häuptling in die Knie gezwungen und den Seeräubern so die Landbasis entzogen, heuerten die Piraten bei einem benachbarten Clanchef wieder an. Erst im April 1400 gelang einem hanseatischen Geschwader der entscheidende Schlag. In der Osterems vor Borkum stellte es drei Piratenschiffe. 80 von 200 Vitalienbrüdern wurden im Kampf getötet, weitere 25 später an Land gefangengenommen und nach kurzem Prozeß gehenkt.

Unter den wenigen, denen die Flucht gelang, befanden sich auch die berüchtigten Anführer Godeke Michels und Klaus Störtebeker. Doch ihre Tage waren gezählt. 1401 nahmen die Hamburger Störtebeker gefangen, im Jahr darauf auch Godeke Michels. Irgendwann nach dem 20. Oktober 1401 schlug des sagenhaften Störtebekers letztes Stündlein, gemeinsam mit 72 seiner Kumpanen. Und wer überhaupt je irgendetwas über diese Inkarnation eines Piraten gehört hat, weiß von seinem finalen Pokerspiel mit dem Scharfrichter: Störtebeker bot an, nach seiner Enthauptung noch die Reihe seiner angetretenen Kameraden entlangzulaufen – wen er derart passiert hätte, sollte der Todesstrafe entgehen. Scharfrichter Rosenfeld schlug erst ein – dann zu und mußte erleben, wie sich der kopflose Pirat tatsächlich in Bewegung setzte. Als Mann

Ansicht der Kirche zu Marienhafe im Jahre 1829

der Praxis verlor Rosenfeld jedoch nicht die Übersicht. Er stellte Störtebeker ein Bein (was für den Piraten aus naheliegenden Gründen unmöglich zu sehen war) und setzte so dem Spuk ein krachendes Ende.

Immerhin – das sicherlich ereignisreiche Leben des Klaus Störtebeker endete mit einer Erinnerung an Ostfriesland, wenn man an die Authentizität seiner angeblich letzten Worte vor der Exekution glauben mag:

»Ich ertrage die langsam berechnende Weise nicht, wie Ihr klug und schlau, ja mit List Euren Reichtum zusammenscharrt, von dem niemand einen Nutzen hat, wenn Ihr in Eurem Wohlleben auch noch so ernst und ehrbar dreinschaut. Dieses erinnert mich an ein Bild, das ich an der Kirchenwand in Marienhave abkonterfeit sah: Der Fuchs steht auf der Kanzel und predigt den Leuten Moral, Gehorsam und Frömmigkeit. Ich aber griff kühn hinein und nahm rasch, während Ihr spekulierend zu Werke geht. Eure Weise lobt die Welt, weil sie nicht hinter Eure Schliche zu sehen vermag; meine Weise zu nehmen verurteilt sie, und doch bleibt sich die Sache auf ein Haar gleich.«

Landgänge

Treffpunkt Aurich

Aurich, eine der ältesten Städte Ostfrieslands, entwickelte sich um die vermutlich im 12. Jahrhundert gestiftete Lambertikirche herum. 1380 errichtete das Häuptlingsgeschlecht derer tom Brok hier eine Burg. 1539 erhielt Aurich Stadtrechte und wurde wenig später sogar Hauptstadt Ostfrieslands (1561). Aurich liegt ungefähr im geographischen Mittelpunkt Ostfrieslands und gilt daher als Markt- und Handelsplatz mit großer Tradition. Vielleicht liegt es an dieser Tatsache, daß man hier für zentrale Plätze und Treffpunkte viel übrig hat. Herzstück Aurichs und gleichzeitig sinnvoller Ausgangspunkt für alle Besichtigungsrundgänge ist der vor einigen Jahren neugestaltete Marktplatz. Mit seinen 150 Metern Länge und 50 Metern Breite ist er einer der größten Marktplätze Norddeutschlands, der noch geräumiger erscheint, seit die Kraftfahrzeuge nicht mehr darauf parken, sondern in eine Tiefgarage geleitet werden.

Als einstige Residenz begnügt sich Aurich jedoch nicht mit einem bloß geräumigen Mittelpunkt. Man stattete ihn auch gediegen aus – mit Granitpflaster, einer weißstählernen Markthalle, Brunnen und einem Kunstwerk, das nicht jeder mag, bei dem aber jedem die Luft wegbleibt: dem »Sous-Turm«, vom Volksmund etwas despektierlich »Tauchsieder« genannt. Der Turm, unübersehbare 25 Meter hoch und geschaffen vom Bildhauer Albert Sous, besteht aus Abfällen des Atomforschungszentrums Jülich (Plexiglas und Stahlrohr) und stellt mit seinen diversen Rädern, Zacken und gespaltenen Herzen eine außergewöhnliche Form des Recyclings dar.

Der Marktplatz hat jedoch neben Avantgardistischem auch Altehrwürdiges zu bieten, beispielsweise das »Knodtsche Haus« (Marktplatz 23), ein 1731 gebautes, klassizistisches Bürgerhaus, in dem heute die Volkshochschule untergebracht ist. Ein ebenfalls prächtiges Bürgerhaus ist das »Conringsche Haus« (Baujahr 1804) mit dem großen Torweg an der Burgstraße südlich des Marktplatzes.

Einige Schritte westlich davon steht das Historische Museum (Burgstraße 25), dessen Gebäude bereits ein Stück Geschichte repräsentiert: Es ist die »Alte Kanzlei«, einst Regierungssitz der ostfriesischen Grafen und erstes Rathaus Aurichs. An der Ecke Burgstraße/Hafenstraße steht der wohl älteste Gebäudekomplex Aurichs mit der Gastwirtschaft »Ewige Lampe«, die einst als Gerichtssaal und vermutlich auch als Gefängnis diente. Die hier einmündende Hafenstraße ist Fußgängerzone, gesäumt von prächtigen, 200 Jahre alten Bürgerhäusern.

Die Lambertikirche (Kirchstraße/Burgstraße) besteht aus zwei Gebäuden – der eigentlichen Kirche und dem Lambertiturm, dem Wahrzeichen der Stadt. Der

Fußgängerpassage in Aurich

Turm enthält Bauteile aus dem 13. Jahrhundert. Die Kirchengründung erfolgte sogar noch im Jahrhundert zuvor. Das heutige Kirchenhaus entstand 1832-35 und enthält als besondere Sehenswürdigkeit den»Ihlower Altar«, eine um 1500 geschnitzte Arbeit der Antwerpener Lucas-Gilde. Von der Lambertikirche führt die Burgstraße weiter westwärts. Wo die historischen Wallanlagen aus dem 16. Jahrhundert auf die Burgstraße stoßen, spannt sich ein von Pallas Athene und Bellona flankiertes altes Stadttor über den Straßenverlauf. Linker Hand einbiegend, erreicht man alsbald den Schloßplatz. Das»Schloß Aurich«, heute ein Verwaltungsgebäude, wurde 1851-55 auf den Grundmauern eines 1447 errichteten Wohnsitzes der Grafen Cirksena gebaut. Wer vor der Rückkehr zum Marktplatz noch einen zusätzlichen Gang von etwa 500 Metern unternehmen mag, kann sich vom Stadttor aus weiter nach Westen bewegen, wo die Burgstraße in die Oldersumer Straße übergeht. An der Nr. 63 steht die»Stiftsmühle«, ein voll funktionsfähiger Galeriehollander von 1858 und gleichzeitig ein Mühlenmuseum. Zu besichtigen sind eine Mühlen-Modellsammlung, diverse Exponate zur Geschichte des Mühlenwesens und ein guter Teil der Stadt – von der 17 Meter hohen Galerie aus läßt sich einiges von Aurich überblicken. Und vor dem Rückweg winkt eine Stärkung in der benachbarten Teestube.

Adressen in Aurich:

Verkehrsverein Aurich/Ostfriesland e.V., Norderstraße 32, 26603 Aurich, Tel. 04941/4464, geöffnet werktäglich 8.00-13.00 Uhr u. 15.00-18.00 Uhr, Sa. 8.00-13.00 Uhr. Vom 15. Mai bis 15. Oktober durchgehend geöffnet.

Ems-Jade-Kanal-Hafen, Anlegestelle für Rundfahrten, Anmeldung Tel. 04941/4464.

Historisches Museum, Burgstraße 25, geöffnet Di.-Sa. 10.00-12.00 Uhr u. 15.00-17.00 Uhr, So. 15.00-18.00 Uhr, montags geschlossen.

Mühlenmuseum »Stiftsmühle«, Oldersumer Str. 63, Tel. 04941/8989, geöffnet Di.-Sa. 10.00-12.00 Uhr u. 15.00-17.00 Uhr, So. 15.00-18.00 Uhr, montags geschlossen. Gruppenanmeldung erbeten. Zwischen Mai und Oktober kann für angemeldete Gruppen ein Mahlgang vorgeführt werden.

Emden – der Seehafen an der Ems

Alle Schätze der 50 000-Einwohner-Stadt sind während eines Tagesausfluges natürlich nicht zu entdecken, doch die Vielzahl der Sehenswürdigkeiten macht den Besuch um so attraktiver.

Emden verfügt über den viertgrößten Seehafen der Bundesrepublik. Schon zur Zeit Karls des Großen (747-814) fungierte es als kleine friesische Handelsniederlassung. Wesentlicher Wirtschaftsfaktor ist der Hafen noch immer. Allein auf den hiesigen Werften sind 2500 Menschen beschäftigt. Die starke Verästelung des Hafenbeckens ist für den Ortsfremden verwirrend. Eine Besichtigung beginnt zweckmäßigerweise im Herzen der Stadt, am Ratsdelft. Es markiert den historischen Verlauf der Ems und war der mittelalterliche Hafen Emdens. An dessen einstiger Einfahrt steht am Westufer des Ratsdelft noch das 1635 vom Stadtbaumeister Martin Faber erbaute »Emder Hafentor«. An der Delfttreppe liegen die Hafenrundfahrt-Boote, so daß eine Erkundung des Seehafens im Anschluß möglich ist.

Größter Arbeitgeber Emdens ist jedoch nicht eine Werft, sondern das Volkswagenwerk mit etwa 1500 Arbeitsplätzen. In Emden baut man den VW Passat – alle 45 Sekunden ein Exemplar. Da wundert es nicht, daß Emdens Hafen, bezogen auf den Autoumschlag, sogar die Spitzenposition innerhalb Europas einnimmt.

Nach der Hafenrundfahrt empfiehlt sich ein Besuch des ehemaligen Feuerschiffes »Deutsche Bucht«. Es liegt seit 1984 im Ratsdelft unterhalb des Rathauses – immer noch in offizieller Mission: Es dient als Schiffahrtsgeschichtliches Museum und enthält unter anderem die wohl älteste intakte Feuerschiffsmaschinenanlage, Baujahr 1914-18. Ein »Kajütenrestaurant« gibt es hier übrigens ebenfalls.

Neben der »Deutschen Bucht« liegt ein weiteres maritimes Denkmal. Der einstige Seenotrettungskreuzer »Georg Breusing« ist zu besichtigen, sehenswert sind die nautischen Anlagen, die Maschine und die Unterkünfte der Besatzung.

Natürlich bietet Emden weit mehr als Hafenanlagen und Schiffahrt. Direkt am Delft steht bereits mit dem Rathaus die erste nicht-maritime Sehenswürdigkeit. Leider ist es nicht mehr der Renaissancebau aus dem 16. Jahrhundert. Emden wurde während des Zweiten Weltkriegs zu annähernd 80 Prozent zerstört, auch das historische Rathaus fiel den Bomben zum Opfer. In den jetzigen Bau aus den 50er Jahren integrierte man jedoch das alte Portal sowie eine erhaltenene Eingangstür.

Blick in den Ratsdelft mit Feuerschiff und Rathaus

Im Emder Rathaus befindet sich das Ostfriesische Landesmuseum, dessen Besuch allein schon einen Ausflug in die Stadt lohnt. Es beherbergt Schätze wie die erste Landkarte Ostfrieslands von 1589, Hafen- und Fischerbootmodelle (Emden war der erste deutsche Heringshafen), frühgeschichtliche Funde und Gemälde holländischer Meister. Glanzstück des Landesmuseums ist jedoch die berühmte Rüstkammer mit der umfangreichsten und vollständigsten historischen, stadteigenen Waffensammlung Deutschlands.

Im Rathaus kann man sich nicht nur einen Überblick über Emdens Vergangenheit verschaffen, sondern auch das städtische Treiben der Gegenwart beobachten. Vom Rathausturm bietet sich ein herrlicher Ausblick auf die Innenstadt, Bereiche der historischen Schutzwälle – auf denen wunderschöne Spaziergänge möglich sind – und den Hafen.

Eines der wenigen erhaltenen baulichen Zeugnisse aus der Zeit des 16. Jahrhunderts ist das »Pelzerhaus« in der Pelzerstraße 12, unweit des Delft. Das 1585 erbaute Renaissance-Bürgerhaus an der einstigen, mittelalterlichen Pelzhändlerstraße beherbergt wechselnde Ausstellungen und eine Teestube.

Geht man am Pelzerhaus vorbei in Richtung Westen, erreicht man die Ruine der Großen Kirche. Seit 1240 stand die Kirche hier mehr oder weniger unversehrt, bis sie nach über 700 Jahren durch Bombenangriffe während des Zweiten Weltkriegs in einen Trümmerhaufen verwandelt wurde. Zur Reformationszeit galt Emden als ein Zentrum des Calvinismus, da es zahlreichen niederländischen Glaubensflüchtlingen als Zufluchtsort diente. Man bezeichnete die Große Kirche als die »Moederkerk« des nordwesteuropäischen Calvinismus. Die Stadt erlebte eine wirtschaftliche und kulturelle Blüte.

Der Turm wurde nach dem Krieg wieder restauriert, ebenso die monumentale Eingangswand im Antwerpener Renaissance-Stil, die ursprünglich Cornelius Floris 1560-63 erbaut hatte. Neben der Ruine entstand in der Nachkriegszeit ein neuer Kirchenausbau.

An der Fußgängerzone nordöstlich der Großen Kirche steht »Dat Otto Huus«, Große Straße 1. Dieses Humor-Disneyland bezieht sich auf die Karrierestationen des prominenten Komikers Otto Waalkes, der aus Emden stammt. Wem der Zappelfriese auf die Nerven geht, muß hier einen Bogen machen. Wer hineingeht, hat sicher seinen Spaß.

Ein weiterer prominenter Sohn der Stadt ist der ehemalige »Stern«-Chefredakteur und -Herausgeber Henri Nannen. Seiner Initiative verdankt Emden die grandiose Kunsthalle, die trotz ihres jungen Alters (eröffnet am 3. Oktober 1986) bereits einen internationalen Ruf besitzt. Auf etwa 2000 Quadratmetern Ausstellungsfläche präsentiert man eine ausgesuchte Sammlung von Werken der klassischen Moderne und zeitgenössischer Kunst. Grundstock der Ausstellung ist die von Nannen gestiftete Privatsammlung mit Arbeiten von Emil Nolde, Ludwig Kirchner, Oskar Kokoschka, Paula Modersohn-Becker und vielen anderen. Zusätzlich finden regelmäßig Sonderausstellungen statt. Es gibt eine Cafeteria sowie eine Malschule für Kinder und Jugendliche.

Falls nach derartig geballtem Kulturgenuß ein Spaziergang lockt, bietet sich ein Gang auf dem Wall an. Gleich hinter der Kunsthalle führt die Boltentor-

Die Kunsthalle in Emden

straße auf die 1606-16 unter der Regie des Festungsbaumeisters Geert Evert Piloot erbaute Anlage. Zehn Bastionen, »Zwinger« genannt, sicherten einst den Wall. Den exponierten Platz auf diesen Zwingern nutzte man im 19. Jahrhundert teilweise als Grundstück für Windmühlen. Wendet man sich auf dem Wall nach Osten, gelangt man zu einem vollständig restaurierten Exemplar eines dreistöckigen Galerieholländers: »De Vrouw Johanna« heißt diese Windmühle, die seit 1804 hier steht. Ist der Halbkreisgang auf dem Wall vollzogen, findet man auf der Höhe des Falderndelft außerhalb der Festungsanlage ein weiteres technisches Wunderwerk – die »Emder Kesselschleuse«. Europas einzige Vier-Kammer-Schleuse verbindet vier Kanäle miteinander und steht mittlerweile unter Denkmalschutz.

Innerhalb des Walls steht an der Brückstraße die Neue Kirche, die so neu allerdings auch wieder nicht ist. 1643-48 führte Martin Faber ihren Bau aus. Der T-förmige Grundriß der Neuen Kirche wurde der Amsterdamer »Grooten Kerk« nachempfunden. Auch diese Kirche erlitt während des Krieges massive Schäden. Sie wurde jedoch wieder aufgebaut.

Im Viertel südlich der Neuen Kirche und des Falderndelfts finden sich noch geschlossene Ensembles alter Bürgerhäuser, die an das Stadtbild des Vorkriegs-Emden erinnern. Über Kran- und Faldernstraße erreicht man wieder das Rathaus. In der nahegelegenen Fußgängerzone kann der Ausflug nach Emden in einem der zahlreichen Cafés oder Restaurants einen geruhsamen Ausklang finden.

Harnische der Emder Bürgerwehr in der Rüstkammer

Adressen in Emden

Hafenrundfahrten, Delfttreppe, März bis Anfang November. Anmeldung für Gruppen Tel. 04921/897260.

Museumsfeuerschiff »Deutsche Bucht«, Im Ratsdelft, Tel. 04921/20094, geöffnet 1. April – 31. Oktober Mo.-Fr. 10.00-13.00 Uhr u. 15.00-17.00 Uhr, Sa., So. 11.00-13.00 Uhr.

Seenotrettungskreuzer »Georg Breusing«, Im Ratsdelft, Tel. 04921/20541, geöffnet 1. April – 31. Oktober täglich 10.00-13.00 Uhr u. 15.00-17.00 Uhr.

Ostfriesisches Landesmuseum mit Emder Rüstkammer, Neutorstraße (Rathaus), Tel. 04921/22855, geöffnet 1.4. – 14.6. und 16.9. – 30.9. Mo.-Fr. 10.00-13.00 Uhr u. 14.00-17.00 Uhr, Sa., So. 11.00-13.00 Uhr. 15.6. – 15.9. Mo.-Fr. 10.00-13.00 Uhr u. 14.00-17.00 Uhr, Sa., So. 11.00-17.00 Uhr. 1.10. – 30.3. Di.-Fr. 10.00-13.00 Uhr u. 15.00-17.00 Uhr, Sa., So. 11.00-13.00 Uhr.

Pelzerhaus, Pelzerstraße 12, Tel. 04921/25335, geöffnet Di.-Fr. 10.00-12.00 Uhr u. 14.00-17.00 Uhr, Sa., So. 11.00-13.00 Uhr.

Dat Otto Huus, Große Straße 1, Tel. 04921/22121, geöffnet Mo.-Fr. 9.30-18.00 Uhr, Sa. 9.30-13.00 Uhr (verkaufsoffene Sa. bis 16.00 Uhr), zusätzlich von 1. April – 31. Oktober So. 10.00-16.00 Uhr.

Kunsthalle, Hinter dem Rahmen 13, Tel. 04921/20995, geöffnet Di. 10.00-20.00 Uhr, Mi.-Fr. 10.00-17.00 Uhr, Sa., So. 11.00-17.00 Uhr. Während eines Ausstellungswechsels kann die Kunsthalle für ca. eine Woche geschlossen sein!

Windmühle »De Vrouw Johanna«, Marienwehrster Zwinger (Wall), Besichtigung von außen jederzeit möglich. Führungen für Gruppen nach Absprache unter Tel. 04921/87303.

Esens - im Hintergrund Langeoog und Spiekeroog

Esens – »Heimstatt für Kunst und Kultur«

Esens ist mit nur knapp 7000 Einwohnern die kleinste Stadt des ostfriesischen Festlandes. Dennoch ist die Stadt, in deren Bild Tradition und Moderne eine bemerkenswerte Allianz eingehen, einen Ausflug wert.

Esens ist mindestens seit dem 9. Jahrhundert, wahrscheinlich jedoch sehr viel früher besiedelt worden. Zu Beginn des 16. Jahrhunderts erhielt es das Stadtrecht. Das Herzstück und die Keimzelle des Ortes sind der Markt und der angegliederte Kirchplatz. Der jeweils mittwochs und samstags abgehaltene Wochenmarkt hat eine weit zurückreichende Tradition: Bereits 1321 weist eine Urkunde den Besuch holländischer Kaufleute auf dem Esenser Markt nach. Die Ostseite des Marktplatzes begrenzt das städtische Rathaus. 1756 finanzier-

73

te eine Generalsfrau von Wangelin den Bau des als Witwenstift konzipierten Hauses. Es gilt mit seinen neun Fensterachsen und dem wappengeschmückten Dreiecksgiebel als Höhepunkt früher Barockbaukunst in Esens. 1962 erwarb die Stadt das von Wangelinsche Witwenstift als Rathaus.

Das frühere Rathaus steht Am Markt 1. Die »Ratsgaststätte« befindet sich noch immer in dem 1839 erbauten, mit dem Esenser Stadtwappen geschmückten Gebäude. Das wohl älteste Haus der Stadt steht in unmittelbarer Nachbarschaft Am Markt 3: Auf seinem Grundstück soll bereits im 15. Jahrhundert Häuptling Wibet von Stedesdorf ein Steinhaus bewohnt haben. Heute beherbergt das »Mettckersche Haus« eine Verlagsdruckerei.

In reizvollem Kontrast zu der historischen Kulisse steht der moderne »Tide-brunnen« auf der Marktplatzfläche. Die beweglichen Metallrohre dieser Konstruktion zeigen den jeweiligen Tidestand an und symbolisieren überdies Bug und Heck eines Schiffswracks. Den 1989 erstellten »Tidebrunnen« entwarf derselbe Albert Sous, der auch den umstrittenen Auricher »Sous-Turm« schuf.

Beliebtes Fotomotiv auf dem nördlich an den Markt anschließenden Kirchplatz ist die Bronzestatue des Esenser Wappenbären. Im 16. Jahrhundert soll bei einer Belagerung der Stadt einem umherziehenden Bärenführer der Tanzbär entwichen und auf die Esenser Stadtmauer geklettert sein. Angesichts der Feinde habe das Tier Ziegelsteine aus dem Mauerwerk gerissen, mit einem gezielten Wurf den feindlichen Heerführer getötet und so die Stadt gerettet. Zu dieser Anekdote existieren noch einige andere Versionen. Tatsache ist jedoch, daß der streitbare »Meister Petz« im Esenser Stadtwappen einen Ziegelstein in der Hand hält – genau wie seine Statue auf dem Kirchplatz.

Die St. Magnus-Kirche entstand 1848-54 auf der alten Warf eines Vorgänger-baus aus dem 12. Jahrhundert. Aus dieser älteren Kirche stammen noch viele Teile der heutigen Ausstattung, so auch der spätgotische Steinsarg des 1473 verstorbenen Ritters Sibo Attena, auf dessen Deckel der gerüstete Recke plastisch nachgebildet ist. Der 54 Meter hohe Kirchturm ist über schmale Holztreppen zu besteigen – eine lohnende Kletterpartie, denn die Aussicht vom Turm über das Harlingerland ist grandios. Zudem ist, auf mehrere Stockwerke verteilt, hier das sehenswerte Turmmuseum mit Bildern, Dokumenten und Gegenständen zur lokalen Kirchengeschichte untergebracht.

Neben der futuristischen Glaskuppelkonstruktion der Arkaden am Kirch-platz, die einen seltsamen Gegensatz zur altehrwürdigen St. Magnus-Kir-che darstellen, befindet sich das Holarium mit einer außergewöhnlichen Sammlung zur Entwicklung der Holographie. Scheinbar freischwebende Bilder und dreidimensionale Szenerien sind für Besucher jeden Alters eine verblüffende Sensation.

Etwa 300 Meter nördlich des Kirchplatzes, zu erreichen über die Theodor-Tho-mas-Straße, steht die Peldemühle, Heimstatt des Esenser Heimatmuseums. Die Peldemühle, ein Museumsstück an sich, ist ein restaurierter Galeriehölländer von 1850. Die Exponate der Ausstellung dokumentieren die Geschichte der ganzen Region. Hier befindet sich auch der anrührende Abschiedsbrief des von der Flut überraschten Baltrumer Schülers Tjark Evers.

Adressen in Esens

Touristeninformation, Kurverwaltung Esens, Kirchplatz, Tel. 04971/3088.

St. Magnus-Kirche(Turmmuseum), Gemeindehaus am Kirchplatz, Tel. 04971/4509.

Holarium, Kirchplatz, Tel. 04971/3088, geöffnet Juli/August täglich 10.00-12.00 Uhr und 14.00-17.30 Uhr. Während der übrigen Monate gleiche Öffnungszeiten, allerdings dienstags und freitags geschlossen.

Peldemühle (Heimatmuseum), Walpurgisstraße, Tel. 04971/4731, geöffnet Di., Do., Fr., Sa., So. 14.00-17.00 Uhr. Führung mittwochs 15.00 Uhr sowie nach telefonischer Vereinbarung.

Greetsiel – Kunst und Krabben

Das malerische Fischerdörfchen Greetsiel ist in den letzten Jahren zu einer Art maritimem Worpswede avanciert. Die hübsche Kulisse unter dem hohen friesischen Himmel inspiriert vor allem Maler und Fotografen, die nicht nur während der »Greetsieler Woche« ihre Werke ausstellen. So gibt es in Greetsiel bald vermutlich mehr Galerien als Krabbenkutter.

Fischfang hat hier allerdings weit mehr Tradition als die Kunst. Seit der Gründung im 14. Jahrhundert ist Greetsiel, späterer Stammsitz der mächtigen Cirksena-Sippe, ein Hafenort. Noch heute ist hier die stolze Zahl von 28 Krabbenkuttern beheimatet – damit ist Greetsiel der größte Krabbenkutterhafen des Weser-Ems-Gebiets. Im Zuge von Küstenschutz-Baumaßnahmen vor der Leybucht bekam der Hafen 1991 eine tideunabhängige Zufahrt. So läßt er sich auch ganztägig von den Fischern nutzen, die zuvor mit dem nächtlichen Hochwasser Greetsiel verlassen mußten. Im Hafen ist immer etwas los – ein wunderbarer Ort, um gemächlich anderen bei der Arbeit zuzusehen.

Neben den Kuttern gelten die Greetsieler Zwillingsmühlen als Wahrzeichen des Ortes. Seit 1778 stehen an der Mühlenstraße zwei Windmühlen in trauter Nachbarschaft. Beide wurden im Laufe der Zeit erneuert. Die Geschichte der westlich gelegenen Mühle ist besonders abenteuerlich: Nachdem sie 1920 abbrannte, erwarb der Besitzer eine in der Nähe Aurichs stehende Windmühle, ließ sie demontieren, auf dem Wasserweg nach Greetsiel verfrachten und hier neu errichten. Eigentlich stammt die Mühle aus dem Jahr 1710, doch enthält sie eine Achse, die aus einem noch älteren Bau stammt und etwa 500 Jahre alt ist.

Der östliche »Zwilling« (Baujahr 1856) ist unbedingt zu besichtigen. Er enthält eine gemütliche Teestube und – wie sollte es in Greetsiel anders sein – eine Galerie. Eine weitere Teestube der besonderen Art befindet sich in »Poppinga's Alte Bäckerei«. Das aufwendig renovierte und mit historischem Mobiliar ausgestattete Haus beherbergt ein originelles Bäckereimuseum und natürlich auch eine Kunstausstellung.

Unweit des Bäckereimuseums steht an der Ecke Sielstraße/Hohe Straße die zwischen 1380 und 1410 erbaute evangelisch-reformierte Kirche. Hier lohnt sich ein Blick nach oben: Den Bau krönt eine Wetterfahne aus vergoldetem Kupfer. Sie zeigt einen historischen Segelschiffstyp, einen Dreimast-Huker mit drei gesetzten Rahsegeln und sechs festgemachten Segeln.

Adressen in Greetsiel

Fremdenverkehrs-GmbH Krummhörn-Greetsiel, Zur Hauener Hooge 15, Tel. 04926/9188-0.

»Poppinga's Alte Bäckerei«, Sielstr. 17, Tel. 04926/1393, geöffnet 11.00-18.00 Uhr, Di. Ruhetag.

Zwillingsmühlen, Mühlenstraße, Tel. 04926/1701.

Maria von Jever

Jever – die Marienstadt

Das genaue Gründungsjahr der 13 000-Einwohner-Stadt ist unbekannt, doch existieren Münzen, die nachweislich im 10. Jahrhundert in Jever geprägt wurden. Jever liegt im oldenburgischen Teil Frieslands, was auf den Häuptling Edo Wiemken den Jüngeren zurückgeht, der gegen Ende des 15. Jahrhunderts die Schwester des Grafen von Oldenburg heiratete. Edos Tochter Maria (1500-1575) übernahm nach dem Tod ihres Vaters die Regentschaft. »Fräulein Maria« wurde zur verehrten Schicksalsfigur der Ortsgeschichte, denn unter ihrer Führung erlebten die Jeveraner goldene Jahre wirtschaftlicher Prosperität und 1536 die Verleihung der Stadtrechte. An der Ecke Schloßstraße/van-Thunen-Ufer steht ihr zu Ehren ein Denkmal, aufgestellt im Jahr 1900 anläßlich ihres 400. Geburtstages. Und allabendlich um 22.00 Uhr (Winter 21.00 Uhr) läutet das Glockenspiel im Schloß das »Marienläuten«.

Unter Marias Vater wurde das Jeveraner Schloß, ausgeführt auf den Resten einer Burg, 1505 errichtet. Der aus dem 18. Jahrhundert stammende barocke Helm des 61 Meter hohen Schloßturms ist weithin sichtbar. Das Innere des Gebäudes beherbergt die Sammlung des »Schloß- und Heimatmuseums« und wertvolle Einrichtungsgegenstände wie Gobelins und Ledertapeten. Prunkstück ist jedoch der von Maria 1560-64 eingerichtete Audienzsaal mit einer kunstvoll geschnitzten, in 28 Felder unterteilten Eichenholz-Kassettendecke. Ein schmaler Weg führt nördlich des Schlosses zum Kirchplatz, dem die umstehenden Bürgerhäuser mit ihren alten Fassaden historisches Flair verleihen. An der Südostecke des Kirchplatzes steht das prächtige Renaissance-Rat-

Vorherige Seiten: Die »Zwillingsmühlen« von Greetsiel

haus, gebaut 1609-16 vom Meister Albrecht von Bentheim. Der Brunnen vor dem Rathaus wurde 1821 als »Ratspütt« aufgestellt – als »Pütten« bezeichnete man öffentlich zugängliche Brunnen.

Die Stadtkirche auf dem Kirchplatz hat zwar eine lange Tradition, doch ist das Gebäude selbst relativ neu. Es entstand 1959 nach der Brandzerstörung des Vorgängerbaus. Alle Katastrophen überstanden hat glücklicherweise die Grab-kapelle mit dem Edo-Wiemken-Denkmal im Innern der Stadtkirche. Maria ließ ihrem verstorbenen Vater das Grabmal 1556 von der Antwerpener Werkstatt des Meisters Cornelius Floris errichten, deren Mitarbeiter später auch im Schloß die Holzdecke des Audienzsaales gestalteten. Der Marmorsarkophag trägt eine überlebensgroße Nachbildung des Häuptlings, überdeckt von einem achteckigen, hölzernen Baldachin. Zwei Balustraden umgeben das Gebilde, an dem kaum eine Fläche ungestaltet blieb, so daß es in seiner Gesamtheit als einzigartiges Kunstwerk gilt.

Neben Schloß- und Kirchturm komplettiert eine dritte markante Erhebung das Jeversche Stadtpanorama. Die 32 Meter hohen Türme des »Friesischen Brau-hauses zu Jever« sind wahren Bierfreunden sicher eine Wallfahrt wert. In der Tat läßt sich der bekannte Brauereibetrieb besichtigen. Als Rechtfertigung kann allemal historisches Interesse dienen: Die Brautradition Jevers reicht bis ins 16. Jahrhundert zurück.

Adressen in Jever

Touristeninformation und **Stadtführungen**, Verkehrsbüro Jever, Alter Markt 18, Tel. 04461/71010, Fax 04461/757534.

Brauhaus Jever

Schloß Jever, Schloßstraße, Tel. 04461/2106, geöffnet 1. März bis 15. Januar täglich außer montags 10.00-18.00 Uhr, 16. Januar bis Ende Februar geschlossen. Führungen sonntags und feiertags um 15.00 Uhr, Gruppen nach Voranmeldung.
Stadtkirche (Edo-Wiemken-Denkmal), Gemeindebüro Am Kirchplatz 13, Tel. 04461/3180. Die Kirche ist täglich von 8.00-18.00 Uhr geöffnet. Falls die Kirche geschlossen sein sollte, ist der Schlüssel im Gemeindebüro erhältlich.
Friesisches Brauhaus zu Jever, Elisabethufer 18, Tel. 04461/13711. Besichtigungen von April bis Oktober werktags jeweils um 9.30 Uhr, 10.00 Uhr und 10.30 Uhr nach vorheriger Anmeldung, Gruppen nach Vereinbarung.

Marienhafe – das Piratennest

Ein Hafen mitten im Binnenland? Wer in Marienhafe nach einem Anlegeplatz für Seeschiffe Ausschau hält, wird heute nichts derartiges finden. Trotzdem lag Marienhafe einst am Meer: Gewaltige Sturmfluten schlugen im 14. Jahrhundert die Leybucht in das Festland. Die nach ihrer Entstehung sehr ausgedehnte Bucht reichte fast bis an den Ort heran, ein prielartiger Ausläufer – das Störtebekertief – endete sogar erst direkt in Marienhafe. Allein diese Verbindung zum offenen Meer ermöglichte es, daß aus der ehrwürdigen Kirche St. Marien ein Ausguck für Piraten wurde.

St. Marien, Wahrzeichen und Mittelpunkt Marienhafes, wurde noch vor 1250 gegründet und allmählich zu einem mächtigen Dom mit dreischiffiger Basilika ausgebaut. Lange galt der Marienhafer Dom als größter Kirchenbau Ostfrieslands. Doch 1829 war die Kirche so baufällig, daß ein Teilabriß ihre einstige Pracht arg dezimierte: Man brach beide Seitenschiffe ab und verkürzte den annähernd 80 Meter hohen Turm um fast die Hälfte. Dabei entfernte man auch ein Sandsteinrelief, von dem nur Fragmente erhalten blieben, die jetzt im Innern des Störtebekerturms zu besichtigen sind. Das ehemals 250 Meter lange Relief verlief an der Außenwand der Kirche unter dem Dachgesims und zeigte auf 124 Einzelbildern Szenen aus der Bibel, der germanischen Sagenwelt und der Reineke-Fuchs-Fabel. Es enthielt sogar Karikaturen, die sich gegen den ausschweifenden Lebenswandel hoher kirchlicher Würdenträger richteten. Vor der Zerstörung wurde eine Zeichnung aller Motive angefertigt, die ebenfalls im Turm ausgestellt ist. Dieses Relief ist es, an das sich Klaus Störtebeker in seinen angeblich letzten Worten erinnerte (siehe Kapitel »Als Störtebeker nach Ostfriesland kam«).

Der Mythos Störtebeker wird besonders in Marienhafe gepflegt. Ziemlich sicher ist, daß die in der Region beheimatete Häuptlingsfamilie tom Brok dem Piraten und seinen Mannen Unterschlupf gewährte. Die einstige Verbindung Marienhafes mit der Leybucht ist ebenfalls historische Tatsache. Bei der Ansteuerung des Störtebekertiefs wird der weithin sichtbare Kirchturm als Navigationshilfe gedient haben, und es ist sehr gut möglich, daß beutehungrige Piraten vom einst ja noch viel höheren St.-Marien-Turm aus nach wohlbeladenen Schiffen Ausschau hielten. Ob nun Störtebeker persönlich sich eine Wohnkammer im Kirchturm einrichtete, bleibt im Bereich der Spekulation. Geschichten darüber erzählt man sich jedenfalls in Marienhafe. Und schließlich kann man die Stube im Störtebekerturm besichti-

Marienhafe mit Störtebekerturm

gen, mit Piraten-Accessoires wie der Steinkugel, die der Seeräuber einem treppenstürmenden Feind aufs Haupt zu rollen pflegte. Sehenswert ist das angeschlossene Kirchenmuseum im Störtebekerturm allemal. Neben dem bereits erwähnten Fries und anderen historischen Stücken befindet sich hier ein Modell der früheren Marienkirche, das einen guten Eindruck von der einstigen Pracht vermittelt.

Einen Besuch wert sind ebenfalls die Windmühlen, von denen Marienhafe gleich drei zu bieten hat: Die Schewelingsche Mühle (Baujahr 1776) im Mühlenloog, die Mühle in Tjüche (Baujahr 1896) und die Mühle »Brüderle« (Baujahr 1880) im Ortsteil Upgant-Schott. Alle drei Mühlen können besichtigt werden.

Adressen in Marienhafe

Fremdenverkehrsverein Brookmerland, 26529 Marienhafe, Am Markt 10, Tel. 04934/811.

Kirchenmuseum im Turm der St. Marien-Kirche, Am Markt, Tel.04934/6285, geöffnet Mo.-Sa. 10.00-12.00 Uhr u. 14.00-17.00 Uhr, So. 14.00-17.00 Uhr. Außerhalb dieser Zeiten Führung nur nach Vereinbarung.

Mühle Marienhafe-Mühlenloog, Besichtigung nach Vereinbarung, Tel. 04934/7326 oder 5336.

Mühle Marienhafe-Tjüche, Besichtigung nach Vereinbarung, Tel. 04934/337.

Mühle Upgant-Schott, Besichtigung Mo.-Fr. 8.00-12.00 Uhr oder nach Vereinbarung, Tel. 04934/372.

Störtebeker-Ausstellung, Bahnhofstraße 10, Tel. 04934/5245 oder 4138, geöffnet täglich (außer mittwochs) 10.00-18.00 Uhr.

Norden – Ostfrieslands älteste Stadt

Von Baltrum aus ist Norden mit dem vorgelagerten Ortsteil Norddeich eine nahegelegene Stadt auf dem Festland. Seit 1277 besitzt Norden Stadtrechte und ist damit die älteste Stadt Ostfrieslands. Und einen Bundesrekord hält Norden ebenfalls – es ist die nordwestlichste Stadt auf deutschem Festland.

Auch Nordens Marktplatz gilt als einer der größten seiner Art in Norddeutschland. Etliche Baumriesen, einige davon über 200 Jahre alt, stehen auf der etwa sieben Hektar großen Fläche. An der Westseite des Platzes erhebt sich die Ludgerikirche, mit einer Länge von 80 Metern der größte Sakralbau Ostfrieslands. Ihr ältester Teil ist das romanische Langhaus, das vor 1250 entstand. Liebhaber von Orgelmusik sollten sich nach Konzertterminen erkundigen, denn in der Ludgerikirche befindet sich eine der schönsten Orgeln des berühmten Orgelbauers Arp Schnitger aus dem 17. Jahrhundert.

Am Südende des Marktplatzes stehen die »dree Süsters« (drei Schwestern), drei Renaissance-Bürgerhäuser von 1617. Die rechte »Schwester« ist eine bemerkenswert gelungene Rekonstruktion, die beiden anderen Häuser sind noch im Original erhalten. Auffällig sind die geschwungenen Giebel, bei denen sich genaueres Hinsehen lohnt – in jedem ist ein Delfter Porzellanteller eingemauert.

Delfter Fliesen gibt es neben vielen anderen Exponaten auch im Heimatmuseum zu bewundern. Es ist im »Alten Rathaus« untergebracht, gelegen an der Westseite des Marktplatzes neben der Ludgerikirche. Das Gebäude selbst stammt aus dem Jahre 1542, enthält mit der »Theelachtkammer« den Versammlungsraum des ersten genossenschaftlich organisierten Bauernverbandes und diente bis 1884 als Rathaus. Angeschlossen an das Museum ist eine echte Rarität: Europas einziges Teemuseum. Hier läßt sich alles studieren, was mit Tee in jeder Stufe seines Zustandes von der Pflanze bis zum fertigen Heißgetränk zusammenhängt – umfassende Teeologie eben, wie die ortseigene Werbung kalauert. Eine grandiose Porzellansammlung rundet die Ausstellung ab.

Ein wenig vom Zentrum entfernt liegt die Westergaster Mühle (Alleestraße 65), mit ihrem Baujahr Anno 1863 ist sie die älteste erhaltene Windmühle Nordens. Sehenswert ist das museale Interieur und von der Galerie des 27 Meter hohen Holländers hat man eine hervorragende Aussicht. Ein Obstgarten und eine gemütliche Teestube sind angeschlossen.

Der Norder Ortsteil Norddeich bietet weit mehr als nur den betriebsamen Hafen. Es ist der größte Küstenbadeort Ostfrieslands. Vielen Binnenländern ist der Name auch deshalb geläufig, weil von hier aus seit 1907 über »Norddeich Radio« Gespräche mit Schiffsbesatzungen vermittelt werden. Über Kurzwelle ist der Sender fast weltweit zu empfangen.

Am Norddeicher Fledderweg steht die Windenergieanlage »Nörder Windlopers«. Die Norder Stadtwerke gehören zu den Spitzenreitern der Windkraftnutzer im Bundesgebiet. Die Anlage wird automatisch gesteuert: Ab Windstärke 2 schalten sich die Rotoren ein, bei Stärke 10 ab. Als zusätzliche Sicherung drehen sich die Rotoren nach der Abschaltung um 90 Grad aus dem Wind. Weitere Auskünfte erteilen die Stadtwerke Norden GmbH (Tel. 04931/17201),

Die »Dree Süsters« am Markt in Norden

Besichtigungsberechtigungen sind bei der Kurverwaltung erhältlich (Tel. 04931/172200).

Eine besondere Norddeicher Attraktion ist die Seehundaufzucht- und Forschungsstation im Wellenpark. Verwaiste Jungtiere werden hier aufgepäppelt, bis sie dem selbständigen Leben in freier Wildbahn gewachsen sind. Die Erfolgsquote der »Heuler«-Auswilderung liegt bei stolzen 90 Prozent. Das Beobachten der possierlichen, großäugigen Seehundbabys bereitet nicht nur Kindern großes Vergnügen.

Adressen in Norden

Tourist-Information Norddeich, Dörper Weg, Informationshaus, Tel. 04931/172200.

Heimatmuseum und Ostfriesisches Teemuseum, Am Markt, Tel. 04931/12100, geöffnet Di.-Fr. 15.00-18.00 Uhr (Einlaß bis 17.00 Uhr), Sa. 10.00-12.00 Uhr, Führungen nach Absprache.

Ludgerikirche, Am Markt 37, geöffnet 1. April bis 30. September Mo.-Sa. 10.00-12.30 Uhr u. Di.-Sa. 15.00-17.00 Uhr, 1. Oktober bis 31. März Mo.-Sa. 10.00-12.30 Uhr u. Di.-Fr. 15.00-17.00 Uhr. Diese Regelung gilt nicht an Feiertagen. Kirchen- und Orgelführungen für Gruppen nach Absprache mit der Küsterei, Tel. 04931/2287.

Seehundaufzucht- und Forschungsstation, Freizeitzentrum Wellenpark am Dörper Weg, geöffnet täglich 10.00-18.00 Uhr, Tel. 04931/8919.

Westergaster Mühle, Alleestr. 25, Tel. 04931/14527, geöffnet Mo.-Fr. 10.00-18.00 Uhr, So. nachmittags.

Inselspringen

Fahrkarten für Ausflüge zu allen hier aufgeführten Inseln sind bei der Reederei Baltrum-Linie, Haus 278, Tel. 04939/235 erhältlich.

Borkum – die größte Ostfrieseninsel

Nach Borkum kommt man per Bahn. Allerdings erst, wenn das Fährschiff im Hafen an der Fischerbalje festgemacht hat. Dann nämlich erfolgt (sofern man nicht die Straße benutzt) der Umstieg auf die 1888 installierte Inselbahn. Borkum ist nicht nur die westlichste, sondern mit 36 Quadratkilometern auch die größte ostfriesische Insel und hat seinen Gästen einiges zu bieten. Es gibt ausgedehnte Rad- und Wanderwege, und gerade als Tagestourist ist das Mitbringen oder die Anmietung eines Fahrrades in Anbetracht der Inselgröße sicher sinnvoll.

Wahrzeichen der Insel ist der 1576 erbaute Alte Leuchtturm auf der historischen Kirchwarf. Zum Seezeichen wurde der Turm erst in späterer Zeit, zunächst diente er als Kirche. Noch heute befindet sich neben dem Turm ein alter Friedhof, auf dem manche Gräber nach Walfängerart von Walknochen umkränzt sind. 1879 ersetzte der Neue Leuchtturm das alte Seezeichen, ab 1948 stand der Turm leer. 1982 renovierte der Borkumer Heimatverein den Alten Leuchtturm. Eine Besteigung ist möglich – nach 150 Stufen wird man mit einer wunderbaren Aussicht nach Holland belohnt.

In der Nachbarschaft des Alten Turmes liegt das sehr sehenswerte Heimatmuseum »Dykhus«. Der Museumsbesuch beginnt, ehe man überhaupt das Haus betreten hat: Der Weg auf das Grundstück führt durch zwei gekreuzte Walkieferknochen, die hier anstelle einer Pforte stehen und anschaulich demonstrieren, daß ein erwachsener Mensch für einen Wal nur einen einzigen Bissen bedeutet. Der Borkumer Walfangära ist auch innerhalb des Museums breiter Raum gewidmet, ebenso wie anderen Epochen der Inselgeschichte.

Bevor man die Insel wieder verläßt (oder gleich nach der Ankunft), kann man im Schutzhafen das ehemalige Feuerschiff »Borkumriff« besichtigen. 1988 außer Dienst gestellt, dient es jetzt als Nationalparkschiff, Informationszentrum, Schiffs- und Küstenfunkmuseum. Allerdings verläßt das voll funktionsfähige Schiff hin und wieder seinen Liegeplatz für Erkundungsfahrten im Dienste des Naturschutzes.

Adressen auf Borkum

Kurverwaltung Borkum, Am Neuen Leuchtturm, Goethestr. 1, Tel. 04922/303-0.

Alter Leuchtturm, Kirchstraße, Besichtigungszeiten werden neu festgelegt (siehe Aushang am Turm oder Auskunft Kurverwaltung).

Feuerschiff »Borkumriff«, Nationalpark-Informationszentrum, Schutzhafen, Tel. 04922/ 2030.

Heimatmuseum »Dykhus«, Roelof-Gerritsz-Meyer-Straße (beim Alten Leuchtturm), Tel. 04922/4860, geöffnet Mai bis September Di.-Sa. 10.00-12.00 Uhr u. 16.00-18.00 Uhr, So., Mo. geschlossen. Oktober bis April Di. und Fr. 15.00-18.00 Uhr.

Borkum von Süd-Osten

Helgoland – Fels in der Brandung

Deutschlands einzige Hochseeinsel erreicht man von Baltrum aus mit dem Schiff oder per Flugzeug. Bereits die Annäherung an das 50 Meter hoch aus dem Meer ragende und im Sonnenlicht rötlich schimmernde Felsmassiv ist spektakulär. Denn da die Anlegemöglichkeiten beschränkt sind und während der Saison bis zu sieben Seebäderschiffe täglich die Insel anlaufen, verlassen die Passagiere ihr Schiff bereits auf hoher See. Die »Börteboote«, robuste, offene Motorboote, verkörpern ein Stück Helgoländer Tradition. Das Börteboot bezieht Position längsseits des großen Seebäderschiffs, und der Inselbesuch beginnt mit einem je nach Seegang entsprechend mehr oder minder zögernden Hüpfer, sicher gestützt von den Armen kerniger Helgoländer Seebären.

Wer per Flugzeug anreist, landet auch nicht direkt auf dem Felsen. Der Flugplatz der knapp einen Quadratkilometer großen Hauptinsel liegt auf einer vorgelagerten Düne – selbst der Fluggast kommt um die Benutzung einer Fähre nicht herum.

Noch vor weniger als 300 Jahren bildeten Düne und Felsen eine Einheit. Das einst sehr viel größere Helgoland hatte im Verlauf der Jahrhunderte durch die Kraft der Naturgewalten einen beträchtlichen Teil seiner Fläche bereits verloren. In der Silvesternacht 1720/21 zerstörte eine Sturmflut die schmal gewordene Inseltaille zwischen Fels und Düne endgültig, aus einer Insel wurden deren zwei. Daran allerdings waren die Insulaner nicht ganz unschuldig: Die passionierten Kaufleute hatten die überwiegend aus Muschelkalk bestehende Landbrücke jahrelang ausgebeutet, indem sie den Kalk als Baumaterial exportierten.

Auch politischen »Sturmtiefs« waren die Helgoländer immer wieder folgenreich ausgesetzt. Die Landeszugehörigkeit wechselte von Schleswig-Gottorp zu Dänemark, weiter zu England und schließlich zu Deutschland. Eine europäische Krise sorgte allerdings für ein besonderes Konjunkturhoch. Nachdem Napoleon 1806 für britische Erzeugnisse aller Art die Kontinentalsperre erhoben hatte, erschien am 5. September 1807 eine englische Flotte vor Helgoland und zwang den dänischen Kommandanten zur Übergabe der Insel. In den folgenden Jahren wurde der Felsen zum Hauptumschlagplatz englischer Waren. Von diesem »Klein-London« aus unternahmen die Insulaner, von Haus aus als Seefahrer ebenso talentiert wie als Kaufleute, ihre zahlreichen Schmuggelfahrten zum Festland und auch zu den Ostfriesischen Inseln. Weder zuvor noch irgendwann später, so berichtet man sehnsüchtig bis heute auf der Insel, sei es den Helgoländern wirtschaftlich so gut gegangen wie in jener goldenen »Franzosentid«. Auch nach Napoleons Niederlage blieb Helgoland englisch. Ein neuer Wirtschaftszweig begann zu florieren: Ab 1826 warben auch die Helgoländer mit den gesundheitsfördernden Aspekten eines Inselurlaubs. Poetische Unterstützung leistete Heinrich Hoffmann v. Fallersleben (1798-1874). Er dichtete im politischen Exil auf Helgoland 1841 nicht nur die später von Joseph Haydn vertonte deutsche Nationalhymne, sondern auch die lockenden Zeilen:

»Freunde, geht ins Seebad!
Jedes Leid und Weh
lindert und beschwichtigt,
scheucht und heilt die See.«

Teil des Deutschen Reiches wurde Helgoland erst am 10. August 1890. Die Freude darüber war im Reich durchaus nicht ungeteilt. Es gab viele Kritiker, die den Tausch wertvoller deutscher Hoheitsrechte in Ostafrika einschließlich der kompletten Insel Sansibar gegen einen obskuren Steinhaufen in der Nordsee als groben Unfug einschätzten. Den Helgoländern selbst lag vor allem daran, in Frieden ihren Geschäften nachgehen zu können. Die Frage der Landesherrschaft hatte da nicht unbedingt Priorität.

Die großen Krisen des 20. Jahrhunderts trafen die Insel dagegen hart. Mit Beginn des Ersten Weltkrieges mußten die Bewohner ihre Heimat verlassen, 4000 Soldaten machten aus Helgoland eine Festung. Immerhin konnten die Insulaner nach dem Krieg ihre Häuser wieder in Besitz nehmen – leider nur vorübergehend.

Am 18. April 1945 bombardierten 1000 Flugzeuge Helgoland. Wieder wurden die Bewohner auf das Festland evakuiert, und diesmal verwehrte man ihnen die Rückkehr auch zu Friedenszeiten. Die Sieger des Zweiten Weltkrieges beschlossen die Sprengung aller militärischen Befestigungsanlagen auf der Insel. Da die Bunkersysteme bis weit ins Felsinnere reichten, kam diese Maßnahme einer endgültigen Zerstörung Helgolands gleich. Am 18. April 1947 detonierten 6700 Tonnen Sprengstoff in den Kasematten, doch trotz großer Schäden hielt die Insel stand. Bis in die 50er Jahre hinein benutzten britische Militärflugzeuge den mittlerweile zum Politikum gewordenen Felsen als Übungsziel für Bombenabwürfe. Die Diskussion der Helgolandfrage avancierte zum Thema für die Weltpresse, nachdem im Dezember 1950 zwei Heidelberger Studenten die für Zivilpersonen gesperrte Insel in einer Nacht- und Nebelaktion besetzt hatten. Schließlich wurde Helgoland 1952 an Deutschland zurückgegeben und verwaltungsmäßig nach Schleswig-Holstein, Landkreis Pinneberg, eingegliedert. Die etwa 1800 Insulaner kehrten zurück, der Wiederaufbau konnte beginnen.

Wie ein Miniaturkontinent kann Helgoland mit Ebene und Gebirge aufwarten. Der besondere Clou: Unterland und Oberland sind durch einen Fahrstuhl miteinander verbunden. Wer die Gebühr dafür sparen will und Gesundheitsbewußtsein über Bequemlichkeit stellt, kann natürlich auch zu Fuß gehen. Gesund ist der Aufenthalt auf der autofreien Insel allemal. Es ist der staub- und pollenärmste Ort Deutschlands, ein Paradies für Allergiker – selbst auf der Zugspitze mißt man eine zehnfach höhere Staubpartikelkonzentration.

Insbesondere für die Tagesbesucher hat eine ganz andere Attraktion besonders hohen Stellenwert: Helgoland ist »Zollfreigebiet« und gehört zollrechtlich nicht zum Bereich der Europäischen Union. Alkohol, Tabak, Parfum und viele andere Artikel sind hier teilweise deutlich günstiger zu haben als auf dem Festland. Die Zollbestimmungen bezüglich der genehmigten Ausfuhrmengen lassen sich in den Läden oder bereits auf dem Schiff während der Anreise erfragen.

Wer den Einkaufsbummel und den Spaziergang entlang der zerklüfteten Ränder des Felsens hinter sich hat, findet sowohl auf dem Ober- als auch auf dem Unterland zahlreiche Möglichkeiten zur Einkehr. Helgoländer Hummer gilt auch unter Gourmets als Delikatesse.

Baden ist auf Helgoland ein besonderes Erlebnis. Man hat schließlich nicht nur einen Badestrand, sondern gleich eine ganze Badeinsel zur Verfügung – die 0,7 Quadratkilometer große Düne mit ihrer eindrucksvollen Naturlandschaft. Wer noch mehr sehen will, als sich dem Auge unmittelbar erschließt, kann naturkundliche Führungen nutzen, die auf der Düne, im Felswatt oder am Naturschutzgebiet Lummenfelsen durchgeführt werden.

Und wenn nach einem ereignisreichen Tag auf Helgoland das Börteboot wieder längsseits des Seebäderschiffes liegt, fällt der Hüpfer zurück an Bord schon sehr viel routinierter aus.

Adressen auf Helgoland

Flugplatz Helgoland, Tel. 04725/311.

Fremdenverkehrsverein, Büro Landungsbrücke, Tel. 04725/355.

Kurverwaltung Nordseeheilbad Helgoland, Postfach 720, 27489 Helgoland, Tel. 04725/80860, Fax. 04725/426.

Segelhafen, 329 Gastbootliegeplätze (Päckchen) im Südhafen, 100 Liegeplätze im Vorhafen (bei guter Witterung). Wassertiefe fünf bis acht Meter. Kontakt: WSA Helgoland, Südhafen, 27498 Helgoland, Tel. 04725/504.

Die »Lange Anna«, das Wahrzeichen von Helgoland

Memmert – die Vogelinsel

Der Memmert bietet ein typisches Beispiel für die Genesis einer Insel im ostfriesischen Wattenmeer. 1585 findet sich die heutige Insel südöstlich von Juist auf einer Seekarte noch als bloße, flutüberspülte Sandplate, um 1650 hat bereits eine geringe Dünenbildung eingesetzt. Daß der Memmert ursprünglich kaum mehr darstellte als ein Schiffahrtshindernis, zeigt schon der Name, der sich vermutlich von einem hier gescheiterten Segelschiff ableitet.

»Entdeckt« wurde Memmert von dem Lehrer und Naturschützer Otto Leege (1862-1951). Er unternahm 1888 eine Exkursion auf den Memmert und registrierte einige Dünen von etwa zwei Metern Höhe, bewachsen mit den Pionierpflanzen Binsenquecke, Strandhafer, Strandroggen, Salzmiere, Meersenf und Salzkraut. Während der nächsten Jahre wiederholte Leege die Besuche regelmäßig und stellte fest, daß die Insel wuchs. Mit breiterem Raum und reicherer Pflanzenvielfalt wählten jährlich mehr Vögel den Memmert als Brutkolonie. Da gleichzeitig der verstärkt einsetzende Seebädertourismus auf Juist die Lebensräume der Vögel einzuschränken begann, beantragte Leege 1907 erfolgreich die Ausweisung des Memmert als Naturschutzgebiet. Sein Sohn wurde Inselvogt und bewohnte die erste Schutzhütte, die allerdings Mitte der 20er Jahre im Meer versank – der Memmert wandert langsam, aber sicher gen Osten.

Mittlerweile steht ein neues Wohnhaus, das neben der Leuchtturmruine das einzige Gebäude auf der Insel ist. Noch heute ist der amtierende Inselvogt der einzige ständige menschliche Bewohner des ansonsten dichtbevölkerten Memmert. Über 40 Vogelarten brüten hier, Vogelansammlungen von bis zu 80 000 Tieren sind zu beobachten. Die Zukunft des Memmert ist allerdings ungewiß. Zwar hat sich seit 1900 die Inselfläche mehr als verzehnfacht, doch seit Beginn der 80er Jahre ist die Schrumpfung durch Strömungs- und Sandverlagerungen höher als der Zuwachs.

Memmert ist Teil des Nationalparks Niedersächsisches Wattenmeer. Der Zutritt ist nur im Rahmen kontingierter Fahrten möglich.

Norderney – Deutschlands ältestes Nordseebad

Bereits 1797 beschied das ostfriesische Ständeparlament die Gründung eines Seebades auf Baltrums Nachbarinsel Norderney. Heute verzeichnet die Insel mehr als 200 000 Gäste jährlich, was sogar im Winter für einigen Trubel sorgt. Norderney verfügt über ein ausgedehntes Rad- und Wanderwegenetz, das den gesamten Inselbereich überzieht und ganzjährig Radtouren und Wanderungen ermöglicht. Fünf Routen sind beschildert, deren Beschreibung man in einer vor Ort erhältlichen Wanderkarte findet. Zusätzlich werden Inselrundfahrten per Bus angeboten, während der Sommermonate auch mit dem Pferdeomnibus.

Für einen umfassenden Überblick bietet sich die Besteigung des am Flugplatz gelegenen, 1874 erbauten Leuchtturms an. Wer die 253 Stufen bewältigt, wird mit einem Ausblick aus 60 Metern Höhe belohnt.

Die einzige Windmühle der Ostfriesischen Inseln

Ein anderes auffälliges Gebäude ist die Windmühle in der Marienstraße. Es ist die einzige ihrer Art auf den Ostfriesischen Inseln. Seit 1862 steht sie hier. Heute beherbergt sie ein Restaurant.

Zwischen Mühlen- und Marienstraße liegt die Napoleonschanze, eine militärische Anlage aus der »Franzosenzeit« zu Beginn des 19. Jahrhunderts. Während der Sommermonate dient die Schanze als Waldkirche, in der sonntags Open-Air-Frühgottesdienste abgehalten werden.

Einen Eindruck der inselfriesischen Wohnkultur vermittelt das Heimatmuseum im Alt-Norderneyer Fischerhaus, in dem auch umfassende Sammlungen zur Entwicklung des Fischereiwesens und zur Geschichte des Kur- und Badebetriebes zu besichtigen sind.

Adressen auf Norderney

Verkehrsbüro Norderney, Bülowallee 6, Tel. 04932/502.
Fischerhausmuseum, Weststrandstr. 1, Tel. 04932/2687.
Leuchtturm am Flugplatz, Anmeldung für Gruppen Tel. 04932/1857.

Küstenkauderwelsch

Ausdeichung findet meist als Folge schwerer Sturmflutkatastrophen statt: Ein Seedeich wird mitsamt dem dahinterliegenden Land aufgegeben.

Backbord ist die linke Seite eines Schiffes, markiert durch eine rote Signallampe.

Eine **Bake** ist eine Landmarke, die der Schifffahrt als Navigationshilfe dient. Oft ist es ein Holzgestell mit einem zwecks leichterer Identifikation besonders markanten Aufbau, errichtet auf einer hohen Düne. Auf Baltrum steht die sogenannte Peilbake auf der östlichen Inselhälfte in der Nähe der Jagdhütte. Eine spezielle Baken-Variante ist ein Kaap oder Kap. Hier ist der Aufbau unter dem hölzernen Topzeichen aus Stein gemauert. Vor dem Bau von Leuchttürmen stellte man in dunklen Sturmnächten offene Feuerschalen davor.

Eine **Balje** ist eine Rinne im Watt, die auch bei Ebbe meist noch schiffbar ist. Anleger wurden auf den Ostfriesischen Inseln meistens dort errichtet, wo eine Balje möglichst dicht an die Küste heranführte, damit man sie auch bei niedrigerem Wasserstand anlaufen konnte.

Boßeln ist ostfriesischer »Nationalsport«. Die Boßel ist eine etwa 500 Gramm schwere Holzkugel mit Bleikern. Zwei Mannschaften treten gegeneinander an. Sieger ist, wer auf einer vorbestimmten Strecke – meist eine wenig befahrene Landstraße – die Kugel mit den wenigsten Würfen ins Ziel treibt. Der Spaß hat einen ernsten Hintergrund: Einst benutzten die Friesen ihre Boßeln als Kriegswaffe.

Buhnen sind rechtwinklig zum Ufer ins Wasser hinausgebaute Dämme. Diese Bauten lenken die Strömung ab, brechen die Kraft auflaufender Wellen und tragen als Schlickfänger zum Erhalt des Ufers bei. Um den dramatischen Landabbruch am Westkopf der Insel zu stoppen, wurden auf Baltrum 1873 die ersten Buhnen errichtet. Damit war Baltrum nach Norderney (1857) die zweite Ostfriesensinsel, die man mit diesen Küstenschutz-Bollwerken bestückte.

Duckdalben sind Gruppen aus mehreren in ein Hafenbecken oder den Meeresboden gerammten Pfählen. Sie dienen der Markierung schmaler Wasserwege sowie als Anlegeplatz für Schiffe. Für die Herkunft der Bezeichnung gibt es verschiedene Theorien. Plausibel scheint die Ableitung von dem niederländischen Begriff »duiken« oder dem plattdeutschen »ducken«, was in beiden Fällen eine gehockte Stellung bezeichnet. Einige halten das Wort jedoch für eine Verballhornung des Namens »Duc d'Alba«. Der Herzog von Alba (1507-1582) kämpfte 1567 als Generalkapitän des spanischen Königs im Zuge der Religionskriege gegen die protestantisch-reformierten Niederländer.

Ein **Feuerschiff** ist kein qualmender Kahn kurz vor dem Untergang, sondern ein Seezeichen. Feuerschiffe sicherten durch optische und akustische Signale die Passage vor besonders gefährlichen Fahrwassern im Bereich der Deutschen Bucht. Die verbesserten Reichweiten der an Land installierten Seezeichen und sicher auch die erheblichen Unterhaltskosten bewirkten in den 80er Jahren die Außerdienststellung der deutschen Feuerschiffe. Zwei der Veteranen lassen sich in der weiteren Umgebung Baltrums besichtigen: Die im er Hafen stationierte »Borkumriff« dient als funktionstüchtiges Nationalparkschiff und Informationszentrum, die »Deutsche Bucht« in Emden beherbergt ein Schiffahrtsgeschichtliches Museum.

Pfahldämme brechen die Kraft auflaufender Wellen

Gat ist eigentlich die plattdeutsche Bezeichnung für Loch oder Tor. Im Wattenmeer bezeichnet man so eine besonders tiefe und breite Wasserrinne. Ein derartiges Seegat bildet sich meist in Bereichen mit ausgeprägten Strömungsverhältnissen, beispielsweise zwischen zwei Inseln. So liegt zwischen den eng beieinanderliegenden Inseln Baltrum und Norderney das Seegat »Wichter Ee«, das Gat zwischen Baltrum und Langeoog heißt »Accumer Ee«.

Eine **Grode** ist das dem Watt vorgelagerte Grünland oberhalb des mittleren Tidehochwassers. Ist es von einem Grodendeich umschlossen, nennt man das Areal »Binnengroden«, liegt es außerhalb eines Deiches, lautet die Bezeichnung folgerichtig »Außengroden« oder auch »Heller«.

Die **Lahnung** ist ein Busch-, Pfahl- oder Steindamm im Watt. Sie begünstigt die Wattbodenaufhöhung und Landgewinnung.

Lee ist die Seite – etwa eines Schiffes – die im Windschatten liegt. Wer spucken muß, sollte tunlichst diese Seite wählen...

... denn von **Luv** bläst der Wind alles zurück, was man loswerden wollte.

Die **Mole** bietet der Schiffahrt einen durch den Molendamm geschützten Ankerplatz. Der Zugang zur offenen See ist schmal, selbst bei hohem Wellengang bleibt das Hafenwasser daher relativ ruhig.

Pricken markieren Fahrwasser im Watt. Es sind in kurzen Abständen in den Wattboden gesteckte Birkenstämme, von denen bei Flut nur die obersten Zweige sichtbar bleiben. Es handelt sich dabei also nicht um eine verzweifelte Wiederaufforstungsmaßnahme, wie der besorgte Binnenländer vermuten mag. Die Pricken müssen laufend erneuert werden. Stürme und im Winter Eisgang beschädigen sie häufig. Feste Markierungen wären jedoch schon deshalb sinnlos, weil sich die Strömungsverhältnisse und damit auch die Verkehrswege im Watt ständig verändern. Im Bereich der Ostfriesischen Inseln stecken annähernd 4000 Pricken im Watt.

Priel ist kein Geschirrspülmittel, sondern eine flache Wasserrinne im Watt, die sich bis zum Strandbereich fortsetzen kann. Selbst bei Niedrigwasser fallen Priele meist nicht ganz trocken. Tiefere Priele oder gar Baljen können für unkundige Wattwanderer ein erhebliches Risiko bedeuten, da sie sich bei einsetzender Flut schnell mit Wasser füllen. Ihre Tiefe und die meist enorm starke Strömung in ihnen machen eine Durchquerung dann unmöglich. Der Rückweg zum Ufer kann so plötzlich abgeschnitten sein.

Auf **Reede** liegen die Schiffe außerhalb eines Hafens, entweder auf Warteposition oder vor Anker. Vor dem Bau eines Anlegers waren Baltrum anlaufende Schiffe mit größerem Tiefgang gezwungen, weit vor der Inselküste »auf Reede« zu verweilen. Wer an Land wollte, mußte in ein kleines Ruderboot umsteigen.

Seedeiche oder Winterdeiche sind die höchsten Deichanlagen und bieten den Hauptschutz vor Sturmfluten.

Ein **Siel** ist ein mit Toren bestückter Deichdurchlaß, der nach dem Ventilprinzip funktioniert: Bei Flut schließen sich die Tore durch die Kraft des dagegen drückenden Wassers. Der Ebbstrom öffnet das Siel wieder, das dahinterliegende Wasser aus einem Fluß oder Kanal kann abfließen. Alte Sieltore sind in einigen ostfriesischen Hafenorten zu sehen und prägten oft sogar den Ortsnamen – Greetsiel, Neuharlingersiel oder Carolinensiel sind bekannte Beispiele dafür.

Der **Sommerdeich** liegt als etwas niedrigere Anlage zwischen Meer und Hauptdeich. Er schützt neugewonnenes Vorland und bietet zusätzlichen Flutschutz.

Steuerbord ist die rechte Seite eines Schiffes, markiert durch eine grüne Signallampe.

Die **Warf**, auch Warft oder Wurt genannt, war vor der Anlage der ersten Deiche (an der ostfriesischen Küste um 1000 n.Chr.) der einzige Flutschutz für die Bevölkerung. Auf den einige Meter hoch aufgeschütteten Erdhügeln errichteten die Friesen ihre Behausungen als letzten Fluchtpunkt, wenn die Naturgewalten wieder einmal für »Land unter« sorgten. Auch nach der Errichtung von Deichen erfüllten alte Warfen im Falle eines Deichbruchs noch manches Mal ihre angestammte Funktion.

Adressen-ABC

Die einheitliche Postleitzahl für die Insel Baltrum ist 26579.

Anreise

siehe Kap. »Anreise und Inselverkehr«

Apotheke

Haus 74, Tel. 04939/456, Fax 04939/453.

Arztpraxis

Dr. med. Ellen Althainz (Ärztin und Badeärztin), Haus 204, Tel. 04939/544.

Ausflüge

Touren per Schiff nach Helgoland, zu den Nachbarinseln oder Vergnügungsfahrten bietet die Reederei Baltrum-Linie, Haus 278, Tel. 04939/235. Abfahrtszeiten siehe Plakataushang oder Handzettel.

Autos

sind auf der Insel nicht zugelassen, siehe auch Kap. »Anreise und Inselverkehr«.

Baden

ist in der Nordsee am gekennzeichneten und bewachten Badestrand zu den im Badekalender angegebenen Zeiten erlaubt.

Banken

Kreis- und Stadtsparkasse Norden, Hauptzweigstelle Baltrum, Haus 159, Tel. 04939/273. Raiffeisen-Volksbank Norden eG, Zweigstelle Baltrum, Haus 225, Tel. 04939/523.

Bücher

Buchhandlung »Der Bücherwurm«, Haus 23, Tel. 04939/282. Stadtlander, Haus 115, Tel. 04939/1342, Fax 04939/669.

Camping

ist ausschließlich auf dem Gelände des Niedersächsischen Turnerbunds erlaubt. Wohnwagen oder Wohnmobile sind jedoch nicht zugelassen. Erforderlich ist die vorherige Anmeldung bei der Kurverwaltung, Tel. 04939/80-48, die eine Platzreservierung schriftlich bestätigt. Ohne diese Bestätigung ist eine Aufnahme nicht möglich.

Cobigolf

(18-Bahnen-Kleingolf) ist auf der unmittelbar neben dem Tennisplatz liegenden Anlage möglich.

Drachenfliegen

ist auf einem Abschnitt östlich des Hundestrandes gestattet.

Fährverkehr

Im Sommer verkehrt die Fähre zwischen Neßmersiel und Baltrum dreimal täglich pro Richtung. Fahrkarten sind auf dem Schiff erhältlich. Auskunft über Fähr- und Bahnverkehr erteilt von Montag bis Samstag zwischen 10.00 und 11.00 Uhr: Reederei Baltrum-Linie, Haus 278, Tel. 04939/235.

Fahrräder

sind auf Baltrum zwar nicht verboten, aber man bittet die Gäste darum, die Räder im Interesse des gemächlichen Inselverkehrs daheim zu lassen.

Flugverkehr

Die *Baltrum-Flug-GmbH* veranstaltet regelmäßig Inselrundflüge und Flüge nach Helgoland. Termine und auch Auskunft über Flugverbindungen zum Festland sind unter der Telefonnummer 04939/538 erhältlich.

Luftverkehr Friesland, Flugplatz Harle, Zentralbuchung unter Tel. 04464-8011; Buchungsstelle auf Baltrum Tel. 04939/538.

Fundbüro

Rathaus, Haus 130, Tel. 04939/80-26.

Garagen und Parkplätze Neßmersiel

Neßmersieler Garagenbetriebe, Westerdeicher Str. 63, 26553 Neßmersiel, Tel. 04933/2223, 721 oder 2363.

Gemeindeverwaltung

Rathaus, Haus 130, Tel. 04939/80-0, Fax 04939/8027.

Gymnastik am Strand

findet im Sommer allmorgendlich um 10.00 Uhr am Badestrand statt, bei Schlechtwetter in der Sporthalle.

Hotels

Auf Baltrum gibt es viele Unterkünfte. Bei der Kurverwaltung ist ein komplettes Gastgeberverzeichnis mit den Adressen sämtlicher Vermieter erhältlich. Die Reihenfolge der folgend angegeben Baltrumer Hotels richtet sich nach dem Alphabet, nicht nach ihrer Qualität:
Hotel Dünenschlößchen, Haus 48, Tel. 04939/819-0, Fax 04939/81913.
Hotel-Pension Fresena, Haus 55, Tel. 04939/231.
Hotel-Pension Seehof, Haus 86, Tel. 04939/249, Fax 04939/1334.
Hotel-Pension Strandburg, Haus 139, Tel. 04939/262, Fax 04939/446.
Hotel Strandhof, Haus 123, Tel. 04939/890, Fax 04939/8913.
Nordsee-Hotel/Hotel-Pension »Zur Post«, Haus 43, Tel. 04939/216 und 416, Fax 04939/255.
Strandhotel Wietjes, Haus 58, Tel. 04939/237 und 283, Fax 04939/457.

Hunde

Zwischen dem 1. Mai und dem 15. September besteht für Hunde Anleinpflicht. Ein Strandabschnitt ist für Hunde reserviert. Alle anderen Strände sind für Hunde verboten.

Inselwanderungen

Frau Ribani, Haus 109 (Schule), Tel. 04939/529, führt Wanderungen mit naturkundlichen Erläuterungen durch.

Kegelbahn

Scherenkegelbahn im Restaurant »Witthus an't Brüg«, Haus 137, Tel. 04939/358.

Kinderspielhaus

»Onnos Kinderspöölhus«, Haus 68, zwischen Tennisplatz und Kurzentrum.

Kirchen

Evangelisch-lutherische Kirche, Haus 93, Tel. 04939/263. Gottesdienst Juli bis September sonntags um 9.00 und 10.00 Uhr, sonst nur um 10.00 Uhr. Kindergottesdienst sonntags 11.15 Uhr.

Römisch-katholische Kirche, Haus 34, Tel. 04939/580. Ostern bis Oktober und Weihnachten finden Gottesdienste statt, die Termine werden an einer Anschlagtafel bekanntgegeben.

Beide Kirchen sowie die Alte Inselkirche (Haus 8) mit der Inselglocke können besichtigt werden.

Kurverwaltung Nordseeheilbad Baltrum

Haus 130, Tel. 04939/80-0, Fax 04939/8027, Postanschrift: Postfach 120, 26572 Baltrum.

Lese- und Fernsehraum

im Obergeschoß der Kurverwaltung, Haus 130. Täglich geöffnet von 9.00-22.30 Uhr, ausgenommen während Veranstaltungen oder Sitzungen.

Massagepraxis

Michael Hoyer, staatlich geprüfter Masseur und med. Bademeister, Tel. 04939/606, Fax 04939/1329.

Meerwasserwellenbad

Haus 240 (siehe Kap.»Baltrum, das Dornröschen der Nordsee«).

Müttergenesungsheim des Deutschen Roten Kreuzes

Haus 171, Tel. 04939/296.

Nationalpark-Haus und Inselkammer

Haus 177, Tel. 04939/469.

Polizei

Dienststelle im Haus 215, Tel. 04939/410.

Post

Postamt am »Nordseehotel«, Haus 43, Tel. 04939/463.

Reisebüro

Reise-Agentur Baltrum, Haus 83, Tel. 04939/515, Fax 04939/514.

Rettungsdienst

Bei Fällen ohne Dringlichkeit: Tel. 04941/19222. Im Notfall: Notruf 112.

Sauna

im Meerwasser-Hallenwellenbad, Haus 240.

Segelhafen

Kleiner Yachthafen zur Wattseite, Hafenmeister Tel. 04939/448.

Solarium

im Meerwasserwellenbad, Haus 240.

Strandkörbe/ Strandzelte

Bestellung (auch Vorbestellung) bei der Kurverwaltung.

Tennis

Anmeldung für die Tennisanlage (Belag »baspo-Grass«-Kunstrasen) bei Edith Bock, Haus 136, Tel. 04939/288 oder 699. Tennisstunden im Einzel- oder Gruppenunterricht; Kinderkurse und Videotraining werden angeboten. Im Juli/August findet traditionell das Baltrumer Gäste-Tennisturnier mit Eröffnungsveranstaltung, Grillabend und Abschlußfeier statt. Die Einschreibung ist allerdings nur bei Nachweis von mindestens zehn Übernachtungen möglich.

Theater

Die Insel-Bühne des Kultur- und Sportvereins Baltrum spielt in der Regel mittwochs in der »Turnhalle«, Haus des Gastes (Haus 112). Man bietet wechselnde Programme.

Wattwanderungen

zur Seehundsbank oder zum Festland in Begleitung eines amtlich geprüften Wattführers finden regelmäßig statt. Treffpunkt: Info-Gebäude am Hafen, Termine laut Plakataushang.

Windsurfen

Windsurfingschule (VDWS) Ulfert Mammen, an der Strandpromenade Höhe Übergang Strandhotel. Surfkurse und Boardverleih. Auskunft/Anmeldung bei Ulfert Mammen, Haus 192, Tel. 04939/433. Baltrum gilt unter Surfern als ideales Flachwasser- und Wellenrevier. Durch eine vorgelagerte Sandbank kommen sowohl Speedpiloten als auch Wellenfreaks auf ihre Kosten.

Zimmernachweis und Touristeninformation

Info-Büro am Hafen, Tel. 04939/80-48, Fax 04939/1377.

Index

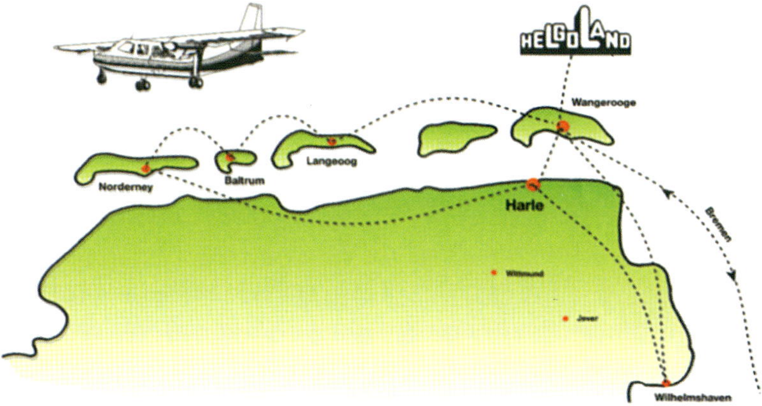

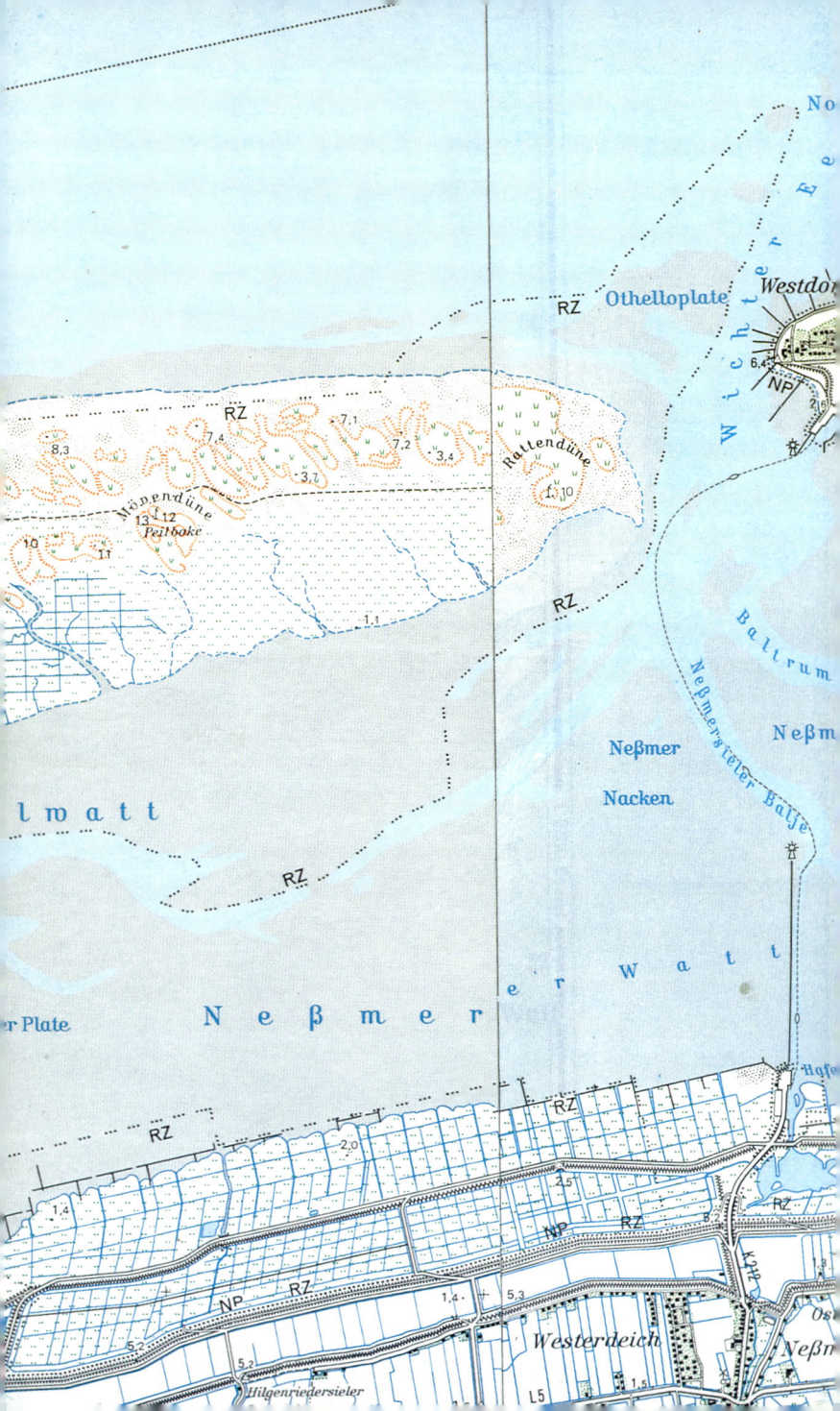